UNVERGESSLICHE
FAMILIENREZEPTE

UNVERGESSLICHE FAMILIENREZEPTE

Die kreativsten Koch- und Backideen von
Deutschlands erfolgreichster Familienbloggerin

Marisa Hart

INHALT

VORWORT

Als Mutter von drei Kindern wird man automatisch zum Organisationstalent, zur Back-
expertin und Spitzenköchin. Das passiert von ganz allein. Immerhin folgt ein Motto-Kindergeburtstag dem nächsten, außerdem möchte man seinen Kindern mit besonderen Kuchen
und kreativen Gerichten unvergessliche Kindheitserinnerungen bescheren. Selbst wenn
man früher nicht backen oder kochen konnte oder es zumindest nicht gern tat, wird sich
das ändern, sobald man Mutter oder Vater wird. Nämlich dann, wenn der Baustellen-
Kuchen das Highlight des nächsten Kindergeburtstages wird; wenn die Augen der
Kinder leuchten, wenn man mit ihnen zusammen Stockbrot ins Feuer hält; wenn die
gesunden Zwischensnacks ratzfatz aufgefuttert werden, selbst von Gemüsemuffeln,
weil sie so hübsch angerichtet waren; und wenn man von überall ein leises Staunen hört,
sobald die aufwändig gebackene Regenbogen-Torte angeschnitten wird.

Ich möchte euch mit diesem Buch inspirieren und euch ermutigen, euch an kreative
Rezepte heranzuwagen. Denn eines verspreche ich euch: Die Rezepte aus diesem Buch
sind nicht schwer, das eine oder andere lediglich etwas zeitaufwändiger. Doch es lohnt
sich, diese Zeit zu investieren. Für das Leuchten in den Kinderaugen, für das Kreieren
eines unvergesslichen Familienmomentes.

Denn es sind vor allem die Momente, in denen wir gemeinsam etwas (er-)schaffen, die
niemals in Vergessenheit geraten. Momente, die wir mit unserem inneren Auge abfoto-
grafieren und für alle Ewigkeit in unserem Herzen konservieren. Momente, die unsere
Kindheit prägen, aber auch unser Elternsein.

Die Zeit mit unseren Kindern ist unser wertvollstes Gut. Alles, was wir mit ihnen zusammen
ausprobieren und mit ihnen zusammen erleben, prägt sie für den Rest ihres Lebens.
Was wird es eines Tages schön sein, wenn sich unsere Kinder daran zurückerinnern, wie
sie mit uns gebacken, gekocht und geschnippelt haben und über welche ausgefallenen
Torten, welche besonderen Kekse und welche kreativen Gerichte sie sich damals am
meisten gefreut haben! Und dieser Moment wird kommen. Ganz bestimmt.

In diesem Sinne wünsche ich euch viel Freude beim Backen und Kochen,

Eure *Mari* von BABY, KIND & MEER
Every day is an adventure.

UND SO GEHT'S...

Vielleicht habt ihr bereits durch das Buch geblättert, euch schon das eine oder andere Rezept herausgepickt und wollt am liebsten direkt drauf los backen oder kochen.

Doch bevor ihr damit beginnt, möchte ich euch kurz die Symbole und Besonderheiten dieses Buches erklären. Denn wie ihr sicher festgestellt habt, befinden sich bei jedem Rezept ein Notizzettel und darunter eine Sternchenskala. Beides dient dazu, dem jeweiligen Rezept eine persönliche Note zu verleihen. Macht euch Notizen zum Rezept und bewertet das fertige Gericht, indem ihr die Sternchen ausmalt. Auf diese Weise könnt ihr euch später besser daran erinnern, wie euch das Rezept gefallen hat. Vielleicht habt ihr auch etwas an dem Rezept verändert, eine Zutat durch eine andere ersetzt, andere Gewürze benutzt oder würdet nächstes Mal die doppelte Menge machen?

Für Details wie diese ist Platz auf dem Notizzettel. Die verschiedene Anzahl an Sternen neben den Arbeitsschritten steht für den jeweiligen Schwierigkeitsgrad. Dadurch erkennt ihr auf den ersten Blick, welches Familienmitglied wann mithelfen kann. Achtet dabei aber darauf, dass gerade die Jüngeren nicht alleine am Herd oder Backofen hantieren.

Im Folgenden noch einmal für euch zusammengefasst:

Notizen

Schreibt eure eigenen
Ideen und euer Fazit zum
Rezept auf!

Bewertet das Rezept,
indem ihr die Sternchen
ausmalt!

Orientiert euch an der Anzahl der Sternchen vor jedem Arbeitsschritt,
um zu sehen, welche Arbeitsschritte für welches Alter geeignet sind!

1 Stern:
3-6 Jahre

(einfachere Handgriffe
können erledigt werden)

2 Sterne:
6-9 Jahre

(da ist schon etwas mehr
Konzentration gefragt)

3 Sterne:
ab 9 Jahren

(wird schon kniffliger,
manchmal trotzdem noch
Hilfe der Eltern gefragt)

REZEPTE

FÜR DEN
FRÜHLING

Notizen

_____

_____

_____

_____

_____

_____

_____

_____

_____

☆ ☆ ☆ ☆ ☆

BLÄTTERTEIG-BONBONS

Bunte Bonbons sind der Inbegriff von Kindheit. Doch warum zu klassischen Bonbons greifen, wenn sich im Handumdrehen welche aus Blätterteig backen lassen? Das Ganze ist kinderleicht und die fertigen Bonbons schmecken nicht nur toll, sondern sind außerdem ein echter Hingucker auf jedem Kindergeburtstag!

ZUTATEN

150 g Quark ● 1 Ei ● 4 EL Zucker ● ½ Tafel Vollmilchschokolade ● 2 Pck. TK-Blätterteig

Für die Verzierung: Hagelzucker ● Bunte Gummischnüre

1 Heizt den Backofen auf 180°C (Umluft) vor und legt ein Backblech mit Backpapier aus.

⭐ **2** Gebt den Quark in eine kleine Schüssel und verrührt ihn mit dem Ei und dem Zucker. Legt außerdem die Schokolade bereit und brecht sie in kleine Stücke.

⭐⭐ **3** Unterteilt die beiden Blätterteige in jeweils acht gleichgroße Rechtecke und platziert in deren Mitte je ein Stück Schokolade und 1 EL Quarkcreme. Ummantelt die Füllung mit dem Blätterteig, indem ihr diesen von der langen Seite aus umklappt und zu einem Bonbon formt. Drückt die Blätterteignaht dabei gut fest und verdreht die Enden so, dass sie aussehen wie Bonbonpapier.

4 Bestreut die Blätterteig-Bonbons in der Mitte mit etwas Hagelzucker und backt sie ca. 20 Minuten bei 180°C (Umluft). Behaltet sie dabei gut im Blick. Sobald sie an den Enden goldgelb werden, sind sie fertig.

⭐ **5** Nach dem Backen müssen die Blätterteig-Bonbons gut abkühlen. Anschließend nehmt ihr die bunten Gummischnüre, halbiert sie jeweils in der Mitte und bindet daraus kleine Schleifen um die Enden der Blätterteig-Bonbons.

GIRAFFEN-BROT

Wenn ich das Lieblingsbrot meiner Kinder nennen müsste, wäre es definitiv das selbst gebackene Giraffen-Brot. Wobei es durch die leichte Süße schon fast in Richtung Kuchen geht. Durch das Flecken-Muster sieht das Giraffen-Brot einfach klasse aus! Es schmeckt wahnsinnig lecker und die Zubereitung ist wirklich einfach.

ZUTATEN

FÜR DEN HEFETEIG: 15 g Hefe ● 2 EL warmes Wasser ● 380 g Mehl ● 175 ml lauwarme Milch 75 g flüssige Butter ● 50 g Zucker ● 1 Pck. Vanillezucker ● 1 Eigelb
AUSSERDEM: 50 g Kakao ● 20-30 ml Milch ● 10 g flüssige Butter

★★ **1** Zunächst bereitet ihr den Hefeteig zu. Dafür gebt ihr die Hefe zum Auflösen in das Wasser. Anschließend kommt die aufgelöste Hefe zusammen mit den restlichen Zutaten in eine Rührschüssel. Verknetet alle Zutaten mit den Händen zu einem geschmeidigen Teig. Unterteilt den Teig in zwei Teile und formt je eine Kugel daraus. Gebt sie in eine saubere Schüssel, deckt sie ab und stellt sie an einen warmen Ort.

★★ **2** Nehmt zwei Schüsseln und gebt in die eine ⅔, in die andere ⅓ des Kakaopulvers. Gebt nach und nach etwas Milch in die Schüsseln, bis sich der Kakao gänzlich aufgelöst hat. Die Masse sollte dabei nicht zu flüssig werden. Anschließend sollte eine der beiden Kakaomassen dunkelbraun, die andere hellbraun sein.

★★ **3** Zieht euch Einweg- oder Küchenhandschuhe an, teilt eine Kugel in zwei Teile und knetet die dunkle Kakaomasse in die eine Hälfte, die helle Kakaomasse in die andere ein. Formt jeden Teig zu einer Kugel, gebt diese in zwei saubere Schüsseln, deckt sie ab und lasst sie zusammen mit dem hellen Teig für 60 Minuten an einem warmen Ort ruhen.

★★ **4** Knetet die drei Teige anschließend noch einmal gut durch. Unterteilt dann jede Farbe in acht Teile. Formt aus den dunkelbraunen Teilen Stränge in der Länge eurer Kastenform. Formt die hellbraunen und hellen Teige ebenfalls zu gleichlangen Strängen, rollt diese allerdings etwas breiter aus. Mit dem hellbraunen Teig umwickelt ihr nun den dunkelbraunen Teigstrang, anschließend wickelt ihr den hellen Teig um den hellbraunen.

5 Fettet die Kastenform ein und bestäubt sie mit etwas Mehl. Platziert die Teigstränge in der Kastenform. Achtet darauf, dass die Form gut gefüllt wird, drückt die Stränge dabei aber nicht zu fest. Deckt die Form anschließend ab und stellt sie für weitere 60 Minuten an einen warmen Ort. Anschließend backt ihr das Brot für 30-35 Minuten bei 180°C (Ober-/Unterhitze) auf mittlerer Schiene.

★★ **6** Bestreicht das fertig gebackene Brot mit flüssiger Butter, solange es noch heiß ist. Lasst es anschließend gut abkühlen, bevor ihr es aus der Form löst. Das Giraffen-Brot schmeckt zwar auch pur, besonders lecker wird es aber, wenn ihr es mit etwas Butter, Marmelade oder Schokoladencreme bestreicht.

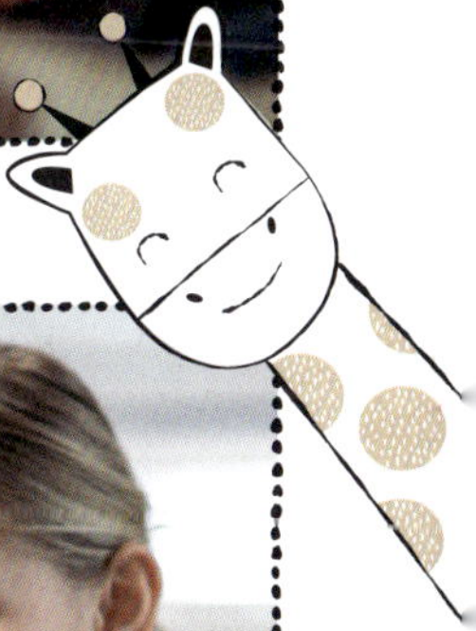

Notizen

_____

_____

_____

_____

_____

_____

_____

_____

_____

_____

☆ ☆ ☆ ☆ ☆

HASEN-PIZZA

Kinder lieben es, Pizza selbst zu machen und zu belegen. Ein Klassiker ist die Pizza vom Blech. Für Abwechslung sorgt die Pizza in Hasenform. Die sieht nicht nur niedlich aus, sondern schmeckt gleich doppelt so gut wie eine normale Pizza. Probiert es unbedingt mal aus!

ZUTATEN

FÜR DEN HEFETEIG: 300 ml lauwarmes Wasser ❀ 2 EL Olivenöl ❀ 20 g frische Hefe ❀ 1 TL Salz ❀ 500 g Mehl

FÜR DIE TOMATENSOSSE: 1 kleine Zwiebel ❀ 2 EL Olivenöl ❀ 200 g passierte Tomaten ❀ 1 TL italienische Kräuter ❀ Salz und Pfeffer

BELAG FÜR DIE PIZZA: Kirschtomaten ❀ Brokkoli oder Zucchini ❀ Rote Paprika ❀ schwarze Oliven

⭐ **1** Zunächst bereitet ihr den Hefeteig zu. Dafür gebt ihr das lauwarme Wasser und das Olivenöl in eine große Schüssel und löst die Hefe und das Salz darin auf. Anschließend fügt ihr das Mehl hinzu und verknetet alles zu einem glatten Teig. Gebt diesen in eine saubere Schüssel, deckt ihn ab und lasst ihn für 60 Minuten an einem warmen Ort ruhen.

⭐⭐ **2** In der Zwischenzeit bereitet ihr die Tomatensoße zu. Dafür hackt ihr die Zwiebel klein und bratet sie in einer Pfanne oder einem Topf mit etwas Olivenöl glasig. Anschließend gebt ihr die passierten Tomaten, die Kräuter, das Olivenöl sowie etwas Salz und Pfeffer hinzu und verrührt alles gut miteinander.

3 Heizt den Backofen auf 200°C (Umluft) vor und legt ein Backblech mit Backpapier aus.

⭐⭐ **4** Nehmt den Hefeteig aus der Schüssel, knetet ihn noch einmal durch und unterteilt ihn in vier gleichgroße Teigkugeln. Rollt den Teig für jede Pizza so aus, dass eine ovale Form entsteht. Achtet darauf, den Teig nicht zu dünn auszurollen! Schneidet den Teig oben in der Mitte längs ein, sodass zwei Hasenohren entstehen. Zwirbelt diese mittig zusammen. Formt anschließend einen Teigrand mit euren Händen.

⭐ **5** Verteilt die Tomatensoße gleichmäßig auf der Pizza und streut den geriebenen Käse darüber. Legt nun das Hasengesicht aus einem Streifen Paprika, etwas Brokkoli oder Zucchini, einer Kirschtomate und zwei schwarzen Oliven. Backt die Pizza für ca. 20 Minuten bei 200°C (Umluft). Achtet darauf, dass sie nicht zu dunkel wird! Am besten schmeckt die Hasen-Pizza, wenn der Teig gut durch, aber trotzdem noch hell und weich ist.

Notizen

_____
_____
_____
_____
_____
_____
_____
_____
_____
_____
_____
_____
_____
_____

☆ ☆ ☆ ☆ ☆

Notizen

_____
_____
_____
_____
_____
_____
_____
_____
_____
_____

EINHORN-TORTE

Einhörner sind und bleiben zauberhafte Fabelwesen, die wunderschön aussehen und uns zum Träumen bringen. Vor allem Kinder sind fasziniert von ihnen und wünschen sich nicht selten, sie besäßen selbst eines. Dieser Wunsch lässt sich mit diesem Rezept erfüllen. Denn eine hübsche Einhorn-Torte ist ja fast ein richtiges Einhorn.

ZUTATEN

Für den Kuchenteig: 500 g Mehl ◦ 1 Pck. Backpulver ◦ 250 g weiche Butter
250 g Puderzucker ◦ 1 Pck. Vanillezucker ◦ 6 Eier ◦ 380 ml Milch

Für die Füllung: 300 g TK-Beeren ◦ 200 g Frischkäse ◦ 150 g Mascarpone ◦ 2 Pck. Vanillezucker
150 g Sahne ◦ 1 Pck. Sahnesteif ◦ 8 TL San-apart

Für die Buttercreme: 300 g weiche Butter ◦ 1 TL Vanillearoma
600 g Puderzucker ◦ Lebensmittelfarbe (Pastelltöne)

Außerdem: Weiße Fondant-Decke ◦ 150 g Himbeermarmelade
1 Pck. weißes Fondant ◦ Gold-Zucker ◦ Weiße Zuckerperlen ◦ Schwarzer Lebensmittelstift
Schaschlikspieße ◦ 2 kleine Gummibänder ◦ Spritzbeutel mit Garniertüllen

1 Heizt den Backofen auf 160°C (Umluft) vor. Fettet die Backform und bestäubt sie mit etwas Mehl. Für unsere Torte habe ich eine Halbkugelform mit einem Durchmesser von 20 cm verwendet.

2 Gebt das Mehl und das Backpulver in eine Schüssel und vermischt beides gut miteinander. Schlagt die Butter, den Puderzucker und den Vanillezucker in einer extra Rührschüssel cremig. Gebt erst die Eier, dann abwechselnd etwas von der Milch und der Mehl-Mischung hinzu und verrührt es zu einem geschmeidigen Teig.

3 Füllt den Teig in die Form und backt ihn für 60-70 Minuten bei 160°C (Umluft) auf mittlerer Schiene. Behaltet den Kuchen dabei gut im Auge und macht zwischendurch eine Stichprobe mit dem Schaschlikspieß! Lasst den Kuchen danach gut abkühlen und stürzt ihn dann vorsichtig aus der Form. Begradigt die Unterseite der Kuppel mit einem scharfen Messer und schneidet den Kuchen zweimal längs durch.

1 Bereitet nun die Füllung vor. Gebt dafür die TK-Beeren, den Frischkäse, die Mascarpone und den Vanillezucker in eine Schüssel und verrührt alles miteinander. Gebt die Sahne zusammen mit dem Sahnesteif in einen Rührbecher und schlagt sie steif. Hebt die geschlagene Sahne anschließend unter die restliche Creme. Zum Schluss gebt ihr 8 TL San-apart dazu und rührt es gut unter.

5 Verteilt die Creme gleichmäßig auf dem ersten Tortenboden, platziert dann den zweiten Boden darauf. Verteilt darauf weitere Creme und setzt anschließend das letzte Stück der Kuppel oben auf.

6 Verteilt die Himbeermarmelade auf der Torte. Schlagt anschließend die Fondant-Decke darüber. Schneidet das überschüssige Fondant ab und stellt die Torte in den Kühlschrank.

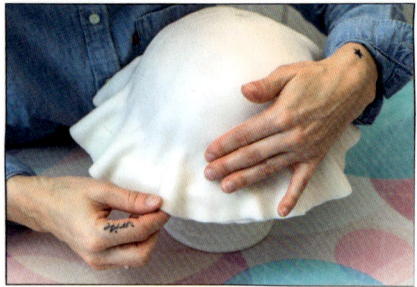

7 Rollt das weiße Fondant aus und formt daraus mit einem Herzausstecher und einem Schaschlik-spieß (siehe Abbildung) Ohren. Nehmt drei Schaschlikspieße und fixiert sie am oberen und unteren Ende mit kleinen Gummibändern. Formt aus dem weißen Fondant einen länglichen Strang, der zum Ende hin dünner wird, und wickelt diesen um die Schaschlikspieße. Legt die Ohren und das Horn für 20-30 Minuten in den Gefrierschrank.

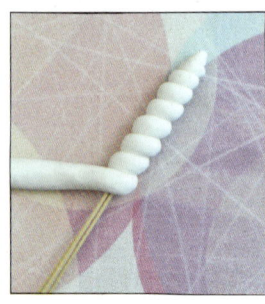 

8 Für die Buttercreme gebt ihr die weiche Butter in eine Rührschüssel und schlagt sie auf. Gebt dann das Vanillearoma hinzu und siebt den Puderzucker unter. Unterteilt die Buttercreme in sechs Portionen und färbt sie in sechs Pastelltöne ein: Lila, Grün und Orange sowie Gelb, Blau und Rosa. Füllt die farbige Buttercreme jeweils in einen Spritzbeutel ohne Tülle. Schneidet die Spritzbeutel unten ab und gebt anschließend jeweils drei gefüllte Spritzbeutel in einen weiteren Spritzbeutel mit Tülle (siehe Abbildung).

9 Nehmt das Horn und die Ohren für das Einhorn aus dem Gefrierschrank und steckt das Horn in die Mitte der Torte. Nehmt den Spritzbeutel mit den Farben Gelb, Blau und Rosa und spritzt daraus die Einhorn-Mähne. Den Spritzbeutel mit den anderen drei Farben nehmt ihr, um den unteren Rand der Torte mit einer Blumenkette zu verzieren. Platziert in der Mitte jeder Blume eine Zuckerperle.

10 Steckt nun die Ohren des Einhorns links und rechts vom Horn in die Mähne. Verziert die Ohren und das Horn mithilfe eines feinen Pinsels mit dem Gold-Zucker. Zum Schluss malt ihr dem Einhorn mit dem schwarzen Lebensmittelstift Augen auf.

Galaktische STERNZEICHEN-KEKSE

Als ich die Sternzeichen-Kekse zum ersten Mal sah, war ich so hin und weg, dass ich sie unbedingt ausprobieren musste. Denn sie sehen so phänomenal und außergewöhnlich aus! Es macht unglaublich viel Spaß, sie herzustellen und anschließend zu servieren oder zu verschenken. Sie sorgen immer wieder für Staunen und Begeisterung.

ZUTATEN

FÜR DEN TEIG: 500 g Mehl ◦ 2 TL Backpulver ◦ 200 g Zucker ◦ 2 Pck. Vanillezucker 2 Eier ◦ 250 g weiche Butter ◦ Schwarze Lebensmittelfarbe

FÜR DIE VERZIERUNG: 250 g schwarzes Fondant ◦ 100 g grünes Fondant 100 g blaues Fondant ◦ Weiße Lebensmittelfarbe ◦ Wasser

AUSSERDEM: Keksausstecher (Sternzeichen, Tiere, Fabelwesen, Mond, Sterne) Backpinsel ◦ Feiner Pinsel

1 Gebt das Mehl und das Backpulver in eine Rührschüssel und vermischt beides gut miteinander. Gebt anschließend den Zucker, den Vanillezucker, die Eier und zum Schluss die weiche Butter dazu. Nutzt zuerst einen Mixer mit Knethaken, verknetet das Ganze anschließend mit den Händen zu einem geschmeidigen Teig.

2 Zieht euch Küchenhandschuhe oder Einweghandschuhe an, gebt schwarze Lebensmittelfarbe zum Teig und knetet diese gut ein. Formt den Teig anschließend zu einer Kugel, umwickelt ihn mit Frischhaltefolie und lasst ihn für 2 Stunden im Kühlschrank ruhen.

3 Gebt etwas Mehl auf die Arbeitsfläche und rollt den Teig ca. 1 cm dick aus. Stecht eure gewünschten Motive nach Herzenslust aus und platziert sie auf einem mit Backpapier ausgelegten Backbloch. Backt die Kekse für 10-12 Minuten bei 180°C (Umluft) und lasst sie nach dem Backen gut abkühlen.

4 Knetet die drei Fondant-Farben weich. Drückt anschließend alle Farben platt und platziert das grüne und blaue Fondant übereinander in der Mitte des schwarzen Fondants. Schlagt das schwarze Fondant um das grüne und blaue Fondant und drückt es etwas platt. Schneidet aus dem entstandenen Fondant-Fladen gleichmäßige Streifen. Platziert diese mit der Schnittfläche nach oben

nebeneinander und rollt sie aus. Nehmt die Masse anschließend in eure Hände und knetet sie etwas durch, sodass sich die Farben ein wenig vermischen. Formt den Teig dann erneut zu einem dicken Fladen und schneidet wieder gleichgroße Scheiben davon ab. Platziert auch diese mit der Schnittfläche nach oben nebeneinander und rollt die Masse erneut aus.

5 Stecht aus der marmorierten Fondant-Masse die gleichen Motive aus wie zuvor aus dem Keksteig. Bestreicht die Kekse mit etwas Wasser und klebt die passenden Fondant-Motive darauf.

6 Verziert die Kekse mit weißer Lebensmittelfarbe und einem Pinsel. Malt Sterne und Sternzeichen auf die Kekse, sprenkelt sie zusätzlich, indem ihr den Pinsel über die Kekse haltet und leicht auf den Pinsel klopft. Lasst die Lebensmittelfarbe anschließend gut trocknen.

Notizen

SPAGHETTI-PIZZA

Spaghetti und Pizza gehen immer! Noch besser ist eine Kombination aus beidem. Aus klassischen Spaghetti lässt sich nämlich im Handumdrehen eine leckere Pizza backen. Optisch sieht dieser besondere Nudelauflauf am Ende tatsächlich wie eine aus und stößt vor allem bei Kindern auf große Begeisterung.

ZUTATEN

25 g Semmelbrösel ● 500 g Spaghetti ● 25 g Butter ● 250 ml Schlagsahne
50 ml Wasser ● 200 g Schmand ● 4 Eier ● 150 g geriebener Käse ● 500 ml passierte Tomaten
40 ml Olivenöl ● 2 TL italienische Kräuter ● 10 kleine Salami-Scheiben
80 g Paprika (grün, rot , gelb) ● 2 frische Champignons ● 125 g Mozzarella ● Salz und Pfeffer

⭐ **1** Nehmt eine runde Auflaufform oder eine Quicheform, fettet sie etwas ein und streut anschließend Semmelbrösel über die gesamte Innenfläche.

⭐⭐ **2** Kocht die Spaghetti bissfest, gebt dabei etwas Salz ins Wasser. Nach dem Kochen gießt ihr die Spaghetti ab, füllt sie anschließend zurück in den Topf und rührt etwas Butter unter, damit sie nicht verkleben. Verteilt die Spaghetti gleichmäßig in der Form. Achtet darauf, dass auch am Rand genug Nudeln sind.

⭐ **3** Gebt die Sahne, das Wasser, den Schmand und die Eier sowie etwas Salz und Pfeffer in eine Schüssel und verrührt alles miteinander. Gießt die fertige Soße gleichmäßig über die Spaghetti. Streut anschließend den geriebenen Käse darüber.

⭐⭐ **4** Gebt nun die passierten Tomaten zusammen mit dem Olivenöl und den italienischen Kräutern in eine Schüssel und verrührt alles gut miteinander. Schmeckt die Tomatensoße nach Bedarf mit etwas Salz und Pfeffer ab und gießt sie über den geriebenen Käse.

⭐ **5** Verteilt die Salami-Scheiben auf der Spaghetti-Pizza. Anschließend schneidet ihr die Paprika in kleine Streifen und die Champignons in Scheiben. Verteilt das Gemüse zwischen der Salami. Schneidet die Mozzarellakugel in Scheiben und verteilt sie gleichmäßig auf der Spaghetti-Pizza.

6 Lasst die Spaghetti-Pizza für ca. 30 Minuten bei 180° (Umluft) backen.

Notizen

☆ ☆ ☆ ☆ ☆

Notizen

_____
_____
_____
_____
_____
_____
_____
_____
_____

☆ ☆ ☆ ☆ ☆

S'MORE PIE POPS

Cake Pops waren eine Zeit lang groß im Trend. Abwechslung in die Variante "Kuchen am Stiel" bringen die sogenannten S'more Pie Pops, die ich durch eine amerikanische Freundin kennengelernt habe. Im Grunde sind sie irgendwas zwischen Kuchen und Keks und schmecken wahnsinnig lecker, aber auch ziemlich außergewöhnlich.

ZUTATEN

FÜR DEN „AMERICAN PIE"-TEIG: 300 g Mehl · 220 g kalte Butter · 10 EL Eiswasser · 1 TL Salz

AUSSERDEM: 1 Ei · Mini-Marshmallows · Vollmilchschokolade · Marmelade (ohne Stückchen) · Hagelzucker · Cake Pops Stiele · Ausstechförmchen (Herz und Blume)

1 Für den Teig gebt ihr das Mehl in eine Rührschüssel, formt in der Mitte eine Mulde und fügt die kalte Butte in kleinen Stückchen hinzu. Gebt anschließend das Eiswasser und das Salz hinzu und verknetet das Ganze mit euren Händen zu einem festen Teig. Formt den Teig zu einer Kugel, wickelt ihn in Frischhaltefolie ein und lasst ihn für eine Stunde im Kühlschrank ruhen.

2 Schneidet in der Zwischenzeit die Schokolade in kleine Stückchen und füllt ein wenig von eurer Lieblingsmarmelade ab. Zusätzlich braucht ihr Mini-Marshmallows, Hagelzucker, Cake Pops Stiele und Ausstechförmchen.

3 Verquirlt das Ei in einer kleinen Schüssel und legt einen Pinsel bereit. Legt das Backblech mit Backpapier aus und heizt den Ofen auf 180°C (Umluft) vor. Nehmt den Teig aus dem Kühlschrank, knetet ihn noch einmal gut durch und rollt ihn anschließend dünn aus.

4 Stecht mit den Ausstechförmchen Blumen und Herzen aus dem Teig aus. Pro S'more Pie Pop braucht ihr zwei Herzen oder zwei Blumen. Legt die ausgestochenen Motive auf das Backblech. Achtet dabei darauf, dass ihr sie leicht versetzt platziert, damit die Cake Pops Stiele, die ihr vorsichtig darauf festdrückt, gut dazwischen passen.

5 Streicht die Hälfte der Herzen und Blumen mit dem verquirlten Ei ein und gebt nach Belieben Schokolade, Marshmallows und Marmelade in die Mitte der Motive.

6 Legt die zweite Motivhälfte über die Füllung – und zwar so, dass die beide Herzen oder Blumen exakt aufeinander liegen. Drückt den Rand der Motive vorsichtig mit einer Gabel fest, streicht die Oberfläche mit dem übrigen Ei ein und streut etwas Hagelzucker darüber. Backt die S'more Pie Pops 20–25 Minuten bei 180°C (Umluft). Behaltet sie dabei gut im Blick, damit sie nicht zu dunkel werden. Lasst sie nach dem Backen etwas abkühlen, bevor ihr sie probiert.

Notizen

_____
_____
_____
_____
_____
_____
_____
_____
_____

Knusprige HÄHNCHEN-STICKS

Wenn schon Fast Food, dann wenigstens selbst gemacht.
Das geht genauso schnell, schmeckt aber viel besser als vom Imbiss.
Wedges sind eine willkommene Abwechslung zu klassischen Pommes.
Und die knusprigen Hähnchen-Sticks kommen bei Kindern besonders
gut an. Bei uns sind sie jedes Mal ratzfatz aufgefuttert.

ZUTATEN

FÜR DIE HÄHNCHEN-STICKS: 500 g Hähnchenbrust ● 180 g Cornflakes
2 Eier ● 150 g Mehl ● 1 EL Olivenöl

FÜR DIE WEDGES: 1 kg Kartoffeln (festkochend)l ● 3 EL Olivenöll ● Rosmarin
Salz und Pfeffer ● Ggf. etwas grobes Meersalz

1 Heizt den Backofen auf 200°C (Umluft) vor und legt ein Backblech mit Backpapier aus.

2 Wascht die Kartoffeln gründlich und trocknet sie anschließend gut ab. Schneidet die Kartoffeln der Länge nach in gleichgroße Viertel oder, je nach Größe und Dicke der Kartoffeln, in Achtel. Platziert die Kartoffelscheiben mit etwas Abstand zueinander auf dom Backblech.

3 Gebt das Öl mit etwas Salz und Pfeffer in eine Schüssel und verrührt alles miteinander. Bestreicht damit die Kartoffeln. Verteilt zusätzlich frischen Rosmarin auf dem Backblech. Bei Bedarf könnt ihr zusätzlich etwas grobes Meersalz über die Kartoffeln streuen. Backt die Wedges nun für 20-25 Minuten bei 200°C (Umluft).

1 Füllt die Cornflakes in einen Gefrierbeutel und stampft sie schön klein. Füllt sie anschließend in eine Schüssel. Schlagt die Eier in eine Schüssel und verquirlt sie. Füllt das Mehl in eine weitere kleine Schüssel.

5 Schneidet die Hähnchenbrust in gleichgroße Stückchen. Wälzt diese anschließend mithilfe einer Gabel oder einem Schaschlikspieß erst im Mehl, dann im Ei und zum Schluss in den Cornflakes.

6 Gebt etwas Öl in eine Pfanne und bratet die Hähnchenstücke darin gleichmäßig von allen Seiten an. Spießt die fertigen Hähnchenstücke auf kleine Partyspieße. Alternativ könnt ihr Zahnstocher, Cake Pops Stiele oder Holz-Eisstäbchen dafür verwenden. Richtet die Hähnchen-Sticks zusammen mit den Wedges an frischem Salat an. Dazu schmecken Mayonnaise, Ketchup und Kräuterdip.

Gefüllte HEFETEIG-OSTEREIER

Die gefüllten Hefeteig-Ostereier sind eines unserer Lieblingsrezepte zu Ostern. Sie sind schnell gemacht, sehen hübsch aus und schmecken großartig! Und das Beste daran: Ihr könnt sie ganz nach eurem Geschmack füllen! In unserem Rezept füllen wir die Hälfte mit Nougat, die andere Hälfte mit Marzipan.

ZUTATEN

FÜR DEN HEFETEIG: ½ Pck. frische Hefe ◦ 1-2 EL warmes Wasser ◦ 250 g Mehl ◦ 250 g Magerquark ◦ 50 g Zucker ◦ 3 Eier ◦ 30 g flüssige Butter

FÜR DIE FÜLLUNG: 200 g Nougat ◦ 150 g Marzipanrohmasse ◦ 50 g gehackte Mandeln

FÜR DIE VERZIERUNG: 200 g Puderzucker ◦ 2-3 EL Wasser ◦ 1 Spritzer Zitronensaft

⭐ **1** Zunächst stellt ihr den Hefeteig her. Dafür gebt ihr die frische Hefe in das warme Wasser und löst sie darin auf. Gebt die aufgelöste Hefe anschließend zusammen mit den restlichen Zutaten in eine Rührschüssel und verknetet alle Zutaten zu einem glatten Teig. Gebt den Hefeteig in eine saubere Schüssel, deckt ihn ab und lasst ihn für 60 Minuten an einem warmen Ort ruhen.

⭐ **2** Unterteilt das Nougat in sechs gleichgroße Stücke. Füllt das Marzipan zusammen mit den gehackten Mandeln in eine Schüssel und verknetet beides miteinander. Formt daraus sechs gleichgroße Kugeln.

3 Heizt den Backofen auf 180°C (Ober-/Unterhitze) vor und legt ein Backblech mit Backpapier aus.

⭐⭐ **4** Knetet den fertigen Hefeteig erneut gut durch und unterteilt ihn in 12 gleichgroße Portionen. Formt jede Portion zu einer Kugel. Druckt eine Mulde in die Mitte der Kugel und legt ein Stück Nougat oder eine Marzipankugel hinein. Umschließt die Füllung anschließend mit dem Teig und formt daraus ein Ei, das von außen schön glatt ist.

5 Platziert die Hefeteig-Ostereier mit etwas Abstand zueinander auf dem Backblech und backt sie für ca. 20 Minuten bei 180°C (Ober-/Unterhitze). Lasst sie nach dem Backen vollständig abkühlen.

6 Rührt aus dem Puderzucker, etwas Wasser und einem Spritzer Zitronensaft einen festen, nur noch leicht fließfähigen Zuckerguss an. Füllt diesen in einen Spritzbeutel mit Lochtülle oder einen Gefrierbeutel, von dem ihr eine der unteren Ecken abschneidet.

⭐⭐ **7** Verziert die Hefeteig-Ostereier, indem ihr mit dem Zuckerguss verschiedene Muster malt. Bei Bedarf könnt ihr sie zusätzlich mit Zuckerperlen und Streuseln verzieren oder sie alternativ nur mit etwas Puderzucker bestreuen.

Notizen

_____

_____

_____

_____

_____

_____

Notizen

_____

_____

_____

_____

_____

_____

_____

_____

_____

_____

☆ ☆ ☆ ☆ ☆

OSTER-CRUNCH

Wer für Ostern noch etwas Besonderes und vor allem Leckeres für das Osterbrunch oder zum Verschenken sucht, sollte sich unbedingt an diesem Oster-Crunch versuchen. Das Ganze ist schnell gemacht und schmeckt Groß und Klein gleichermaßen.

ZUTATEN

Schokolinsen ◦ Verschiedene Frühstückscerealien ◦ Kleine Salzbrezeln
Gesalzene Erdnüsse ◦ Mini-Marshmallows ◦ Bunte Streusel
400 g weiße Schokolade

1 Legt zunächst ein Backblech mit Backpapier aus.

2 Gebt anschließend alle Zutaten bis auf die Schokolinsen, die Streusel und die Schokolade in eine große Schüssel und vermischt sie gut miteinander. Die Menge der jeweiligen Zutaten kann dabei nach Belieben variieren.

3 Brecht die Schokolade in kleine Stücke und schmelzt sie in einem Wasserbad oder in der Mikrowelle

4 Gebt die geschmolzene Schokolade zu den Zutaten in der Schüssel. Auf diese Weise wird alles miteinander verbunden. Verteilt nun alles auf dem Backblech. Achtet dabei darauf, dass keine zu großen Lücken entstehen.

5 Sortiert die Schokolinsen in Pastellfarbtöne. Die anderen Farben braucht ihr nicht für das Oster-Crunch. Verteilt die pastellfarbenen Schokolinsen zwischen den bisherigen Zutaten. Streut zum Schluss noch ein paar bunte Streusel über das Crunch.

6 Das Crunch muss jetzt erkalten. Sobald dies geschehen ist, könnt ihr es auf dem Ostertisch anrichten, sodass sich jeder etwas davon abbrechen kann. Alternativ könnt ihr es in Stücke brechen und in kleine Tütchen füllen und verschenken.

TIPP

Für das Oster-Crunch könnt ihr noch viele weitere Zutaten verwenden. Lasst eurer Fantasie freien Lauf! Achtet darauf, dass euer Crunch farblich zu Ostern und in den Frühling passt!

REZEPTE

FÜR DEN
SOMMER

REGENBOGEN-WAFFELN

Waffeln bedeuten Kindheit. Sie sind schnell zubereitet und schmecken Groß und Klein gleichermaßen. Besonders spannend wird es, wenn klassische Waffeln in bunte Kunstwerke verwandelt werden - entweder in Farben des Regenbogens oder auf fantasievolle Art und Weise aus Kinderhand.

ZUTATEN

Für den Teig: 3 Eier ● 180 g Zucker ● 2 Pck. Vanillezucker
400 ml Milch ● 400 g Mehl ● 250 g flüssige Butter

Außerdem: Pflanzenöl ● Lebensmittelfarbe (blau, grün, gelb, orange, rot) ● Sahne
Bunte Streusel ● Spitzbeutel mit Lochtüllen oder Gefrierbeutel

1 Gebt die Eier zusammen mit dem Zucker und dem Vanillezucker in eine Rührschüssel und schlagt das Ganze schön schaumig. Gebt die Milch und das gesiebte Mehl abwechselnd in den Teig und rührt dabei immer weiter. Gebt nach und nach die flüsige Butter hinzu. Zum Schluss rührt ihr den gesamten Teig 2-3 Minuten weiter.

2 Unterteilt den Teig in fünf Portionen und füllt diese in kleine Schüsseln. Gebt jeweils etwas Lebensmittelfarbe dazu und rührt sie gut in den Teig ein. Füllt die gefärbten Teigportionen in fünf Spritzbeutel mit Lochtülle oder alternativ fünf Gefrierbeutel, von denen ihr jeweils eine der unteren Ecken abschneidet.

3 Schaltet das Waffeleisen ein und bestreicht es mithilfe eines Pinsels mit Öl. Achtet darauf, dass ihr euer Waffeleisen auf geringer Hitze einschaltet, damit die Waffeln nicht zu dunkel werden, sondern ihre schönen Farben behalten. Gebt anschließend die einzelnen Farben mithilfe der Spritzbeutel auf das Waffeleisen: Startet dabei in der Mitte mit blau und spritzt dann die anderen Farben kreisförmig darum herum.

4 Serviert die Waffeln an frischer Sahne und bunten Streuseln. Besonders hübsch sieht es aus, wenn ihr eine ganze Waffel halbiert und sie zusammen mit der Sahne wie einen Regenbogen auf Wolken anrichtet.

TiPP

Ihr könnt die verschiedenen Farben auch beliebig im Waffeleisen verteilen und eurer Kreativität dabei freien Lauf lassen. Dabei könnt ihr wunderbar mit den Farben variieren und auch mal nur zwei oder drei Farben verwenden.

Notizen

_____
_____
_____
_____
_____
_____

VEGGiE-NACHOS

Genau wie Popcorn sind Tortilla Chips klassische Snacks fürs Kino und heimische Filmabende. Allerdings lässt sich so viel mehr mit ihnen machen, als sie direkt aus der Tüte zu essen. Aufgepeppt mit buntem Gemüse und überbacken mit leckerem Käse schmecken sie fantastisch!

ZUTATEN

300 g Tortilla Chips ● 100 g Kirschtomaten ● 100 g Paprika (rot, grün und gelb)
1 kleine rote Zwiebel ● 80 g Mais ● 80 g Kidneybohnen ● 200 g geriebener Käse
100 g saure Sahne ● 10 g Kräuter

★★ **1** Stellt alle Zutaten und eine Auflaufform für die Veggie-Nachos bereit. Lasst die Kidneybohnen und den Mais gut abtropfen. Halbiert die Kirschtomaten, schneidet die Paprika in kleine Streifen und die rote Zwiebel in kleine Ringe.

★ **2** Gebt die Tortilla Chips gleichmäßig in die Auflaufform, verteilt anschließend das bunte Gemüse darauf und streut zum Schluss den geriebenen Käse darüber.

3 Stellt die Auflaufform auf ein Backblech, schiebt dieses auf mittlerer Schiene in den Backofen und überbackt die Tortillas für 8-10 Minuten bei 200°C (Ober-/Unterhitze).

4 Nach dem Backen gebt ihr einen großen Klecks saure Sahne in die Mitte der Veggie-Nachos und streut nach Belieben frische Kräuter oder welche aus dem Tiefkühlfach darüber.

Notizen

TiPP

Die Veggie-Nachos sollten nach dem Überbacken sofort gegessen werden. Nur dann haben sie die perfekte Temperatur, sodass der Käse leckere Fäden zieht.

OBSTSALAT-BUFFET

Das klassische Salat-Buffet kennen wir alle. Doch warum nicht mal variieren und statt Gemüse eine Auswahl an Obst für ein leckeres Obstsalat-Buffet verwenden? Dabei lassen sich individuelle Obstsalate mischen und mit verschiedenen Sorten Joghurt, Müsli und Honig kombinieren. Das Ganze schmeckt nicht nur gut, sondern macht auch Spaß und ist außerdem gesund und erfrischend.

ZUTATEN

Bunte Auswahl an Obst ● Joghurt in verschiedenen Geschmacksrichtungen
Honig ● Cornflakes ● Müsli

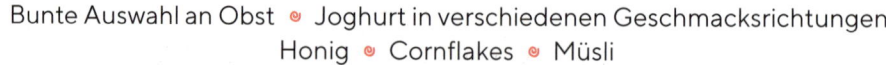

1 Zunächst überlegt ihr gemeinsam, was bei eurem Obstsalat-Buffet nicht fehlen darf. Deckt anschließend den Tisch und stellt Schüsseln für die gewünschten Zutaten bereit.

⭐ **2** Füllt nun verschiedene Sorten Joghurt ab (z.B. Natur, Vanille und Erdbeere). Gebt außerdem etwas Honig in eine kleine Schüssel. Weitere Schüsseln oder Gläser könnt ihr mit einer Auswahl an Cornflakes und Müsli füllen.

⭐⭐ **3** Schält und schneidet das gewünschte Obst und richtet es in hübschen Schalen und auf verschiedenen Tellern an.

4 Zum Schluss benötigt ihr noch Schüsseln und Löffel für euch selbst, um euch am erfrischendem Obstsalat-Buffet bedienen zu können. Probiert dabei verschiedene Variationen aus, entdeckt neue Geschmackskombinationen und findet heraus, was euch am besten schmeckt!

Notizen

☆ ☆ ☆ ☆ ☆

Notizen

_____
_____
_____
_____
_____
_____
_____
_____
_____

☆ ☆ ☆ ☆ ☆

CAKE POPS
im Blumentopf

Seit wir Cake Pops zum ersten Mal zubereitet und anschließend gegessen haben, sind wir begeistert von der Idee und dem besonderen Geschmack. Seither gibt es bei uns zu besonderen Anlässen die unterschiedlichsten Cake Pops. Passend zum Sommer eignen sich die Cake Pops im Blumentopf.

ZUTATEN

FÜR DEN KUCHEN: 200 g Margarine (zimmerwarm) ◦ 250 g Zucker
1 Pck. Vanillezucker ◦ 350 g Mehl ◦ 2 TL Backpulver ◦ 1 Pck. Vanillepudding zum Kochen
4 Eier ◦ 200 ml Mineralwasser mit Kohlensäure

FÜR DEN BROWNIE: 250 g Zartbitter-Kuvertüre ◦ 200 g weiche Butter ◦ 80 g Mehl
120 g Zucker ◦ 1 Pck. Vanillezucker ◦ 3 Eier ◦ 50 g Kakao ◦ 1 TL Backpulver

AUSSERDEM: 80 g Erdbeermarmelade (ohne Stückchen) ◦ 150 g Frischkäse

FÜR DIE VERZIERUNG: Kleine Waffelbecher ◦ Cake Pops Stiele
300 g weiße Kuvertüre ◦ Fondant (grün, orange, lila)

1 Heizt den Backofen auf 160°C (Umluft) vor und legt ein Backblech (40 x 30 cm) mit Backpapier aus.

2 Gebt die Margarine, den Zucker und den Vanillezucker in eine Rührschüssel und schlagt alles schön schaumig. Anschließend kommen das Mehl, das Backpulver, das Puddingpulver und die Eier hinzu. Rührt den Teig erneut gut durch. Zum Schluss gebt ihr das Mineralwasser hinzu und rührt dieses kurz unter.

3 Verteilt den Teig gleichmäßig auf dem Backblech und streicht ihn schön glatt. Backt den Kuchen ca. 20 Minuten bei 160°C (Umluft). Nach dem Backen nehmt ihr den Kuchen aus dem Ofen und lasst ihn gut abkühlen.

4 Nun ist der Brownie dran. Legt dafür ein kleines Backblech oder eine Auflaufform (ca. 30 x 20 cm) mit Backpapier aus. Anschließend wird die Zartbitter-Kuvertüre in kleine Stücke gebrochen und in einem Wasserbad oder der Mikrowelle geschmolzen.

5 Gebt die weiche Butter in eine Rührschüssel, schlagt sie geschmeidig und gebt anschließend nach und nach alle weiteren Zutaten hinzu. Die geschmolzene Zartbitter-Schokolade rührt ihr zum Schluss unter.

6 Gebt den Teig auf das Backblech oder in die Auflaufform und lasst ihn 25 Minuten bei 160°C (Umluft) backen. Nach dem Backen nehmt ihr den Brownie aus dem Ofen und lasst ihn gut abkühlen.

★ ★ **7** Entfernt den Rand des Kuchens und bröselt den Rest in eine große Rührschüssel.

Gebt nach und nach etwas Marmelade und Frischkäse dazu und knetet die Masse gut mit den Händen durch. Sobald der Teig die richtige Konsistenz hat, lässt er sich gut formen und ist weder zu trocken noch zu feucht. Formt aus der Masse kleine Cake Pops Kugeln und platziert diese auf einem großen Teller.

★ ★ ★ **8** Schmelzt die weiße Kuvertüre in einem Wasserbad oder in der Mikrowelle. Tunkt die Cake Pops Stiele mit einem Ende in die Kuvertüre und steckt sie anschließend vorsichtig von oben in die Cake Pops Kugeln. Stellt die Cake Pops anschließend für 15-20 Minuten ins Gefrierfach.

★ **9** Entfernt den Rand vom Brownie und bröselt den Rest in eine Schüssel. Befüllt die kleinen Waffelbecher mit dem zerbröselten Teig. Achtet dabei darauf, die Krümel gut festzudrücken. Lediglich die letzte Schicht kommt locker oben drauf, damit sie wie Erde aussieht.

★ ★ **10** Nehmt die Cake Pops aus dem Gefrierfach und tunkt sie in die übrig gebliebene weiße Kuvertüre. Steckt sie anschließend zum Abtropfen in einen Cake Pops Halter oder in etwas Styropor®.

★ ★ **11** Knetet die drei Sorten Fondant gut durch und rollt sie aus. Stecht dann mit einem Keksausstecher Blumen aus dem orangefarbenen und lilafarbenen Fondant und ummantelt die Cake Pops damit, indem ihr die Blüten von unten über die Cake Pops Stiele drückt. Steckt die Cake Pops anschließend in die gefüllten Waffelbecher.

★ **12** Zum Schluss formt ihr kleine Blätter aus dem grünen Fondant und platziert sie nach Belieben an den Cake Pops Blumen.

Kreative GEMÜSE-SNACKS

Gesunde Zwischensnacks sind eine wichtige Ergänzung zu den Hauptmahlzeiten. Denn sollte das Gemüse dabei zu kurz kommen, kann der tägliche Bedarf auf diese Weise nachgeholt werden. Besonders gut gelingt das, wenn man das Gemüse kreativ anrichtet. Denn dann macht das Snacken gleich doppelt so viel Spaß!

TOMATE-MOZZARELLA-RAUPEN

ZUTATEN

Kirschtomaten • Mozzarella-Kugeln
Basilikum-Blätter • Zuckeraugen

⭐ Wascht die Tomaten und das frische Basilikum und platziert die Basilikum-Blätter auf einem Brett. Legt die Kirschtomaten und die Mozzarella-Kugeln abwechselnd auf die Blätter. Klebt mit etwas Dip oder Mayonnaise Zuckeraugen auf die vordere Tomate.

ZUTATEN

2-3 Baby-Gurken • 2 Radieschen • 1 Karotte
AUSSERDEM: Zahnstocher

GURKEN-PARADIESVÖGEL

⭐⭐ **1** Wascht die Baby-Gurken und schneidet anschließend ⅓ von ihnen ab. Platziert das größere Stück als Vogelkörper auf dem Teller und schneidet aus der restlichen Gurke Flügel und Seerosenblätter.

⭐⭐ **2** Schneidet aus einem Stück Karotte Augen und Schnabel. Steckt den Schnabel und die Flügel mit Zahnstochern am Vogelkörper fest.

⭐⭐ **3** Halbiert die Radieschen mit einem scharfen Messer im Zick-Zack-Muster und platziert sie als Seerosenblüten auf den Gurkenscheiben.

ZUTATEN

2 grüne Paprika • ½ rote Paprika • 2 große Karotten • ½ Honigmelone

AUSSERDEM: Schaschlikspieße

PAPRIKA-PALMEN

⭐⭐ **1** Wascht die Paprika und entfernt das Kerngehäuse. Schneidet die Palmenblätter, indem ihr die Paprika im Zick-Zack-Muster halbiert und die Unterseite verwendet.

⭐ **2** Höhlt die Honigmelone aus und schneidet kleine Würfel aus dem Fruchtfleisch. Schält die Karotten und steckt sie mithilfe von Schaschlikspießen auf die Honigmelone. Platziert darauf die grüne Paprika.

⭐ **3** Stecht aus der roten Paprika maritime Motive aus, platziert diese zusammen mit den Honigmelonen-Würfel um die „Insel" herum.

GEMÜSE-ZUG

ZUTATEN

Bunte Paprika • ½ Gurke • 1-2 Karotten
Kirschtomaten **AUSSERDEM:** Zahnstocher

1 Wascht das Gemüse ab. Halbiert die Paprika längs und entfernt das Kerngehäuse. Schneidet die eine Hälfte der Gurke in etwas dickere Scheiben, die andere Hälfte in Streifen. Schält die Karotten und schneidet sie ebenfalls in Streifen.

2 Platziert die Paprikahälften wie Zugwagons hintereinander. Steckt die Gurkenscheiben mit Zahnstochern als Räder in die Paprika. Füllt die Paprikawagons anschließend mit den Gurken- und Karottenstreifen und den Kirschtomaten.

ZUTATEN

Gekochte Eier • Karotten
Bunte Paprika • 1 Salatblatt

GEMÜSE-BLUMEN

⭐ **1** Halbiert die Eier und platziert sie mit etwas Abstand zueinander auf dem Teller.

⭐⭐ **2** Wascht die Paprika, entkernt sie und schneidet sie in gleichgroße Streifen. Schält die Karotten und schneidet sie ebenfalls in Streifen. Platziert nun die Paprika- und Karottenstreifen als Blütenblätter um die Eier. Legt zum Schluss aus grünen Paprikastreifen Blumenstiele und aus Salat kleine Blätter.

REGENBOGEN-TORTE

Die kunterbunte Regenbogentorte ist bis heute der beliebteste Artikel auf meinem Blog. Damals war es die erste ausgefallene Torte, die ich gebacken habe. Aber habt keine Angst: Sie ist nicht schwer, lediglich etwas zeitaufwändig. Doch die investierte Zeit lohnt sich, denn der Wow-Effekt beim späteren Anschneiden ist und bleibt unbezahlbar.

ZUTATEN

Für den Teig:

6 Eier ● 5 EL heißes Wasser ● 225 g Zucker ● 2 Pck. Vanillezucker ● 150 g Mehl
150 g Speisestärke ● 4 TL Backpulver ● Lebensmittelfarben (rot, orange, gelb, grün, blau, lila)

Für die Buttercreme:

400 g weiche Butter ● 800 g Puderzucker ● 2 TL Vanillearoma

Außerdem:

650 g weißes Fondant ● Bunte Schokolinsen ● Puderzucker ● Wasser

1 Legt eine Springform (Durchmesser 20 cm) mit Backpapier aus und schneidet das überschüssige Backpapier ab. Im besten Fall habt ihr zwei Backformen, dann könnt ihr in drei Schüben statt in sechs backen. Heizt den Backofen auf 180°C (Umluft) vor.

2 Gebt die Eier und das heiße Wasser in eine Rührschüssel und schlagt beides zusammen schaumig. Gebt anschließend den Zucker und den Vanillezucker dazu und rührt weiter. Füllt das Mehl zusammen mit der Speisestärke und dem Backpulver in eine separate Schüssel und verrührt alles miteinander. Siebt die Mehlmischung anschließend auf den Teig und rührt ihn gut durch.

3 Unterteilt den Teig in sechs gleichgroße Portionen und füllt diese in kleine Schüsseln. Gebt anschließend in jede Portion eine andere Lebensmittelfarbe und rührt sie jeweils gut unter.

1 Füllt den Teig für den ersten Boden in die Springform, verteilt ihn gleichmäßig und backt ihn für 10-12 Minuten bei 180°C (Umluft). Behaltet den Tortenboden dabei gut im Blick! Verfahrt genauso mit den anderen Böden, lasst sie nach dem Backen vollständig abkühlen und löst sie anschließend vorsichtig aus der Springform und von dem Backpapier.

★★ **5** Bereitet nun die Buttercreme vor, indem ihr die Butter in eine Rührschüssel gebt, sie gut aufschlagt und anschließend den Puderzucker untersiebt. Gebt außerdem das Vanillearoma dazu.

★★ **6** Platziert den ersten Tortenboden (lila) auf der Tortenplatte und bestreicht ihn gleichmäßig mit der Buttercreme. Platziert darauf den zweiten Boden (blau), dann folgt wieder Buttercreme, dann der dritte Boden (grün) und immer so weiter. Der letzte Boden ist rot und wird oben nur noch dünn bestrichen. Mit der übrigen Buttercreme bestreicht ihr den Rand der Torte.

★★ **8** Rührt aus Puderzucker und Wasser einen relativ festen Zuckerguss an. Füllt diesen in einen Spritzbeutel mit kleiner Lochtülle oder einen Gefrierbeutel, von dem ihr eine der unteren Ecken abschneidet. Klebt die bunten Schokolinsen mit dem Zuckerguss in Regenbogenfarben um den unteren Rand der Torte sowie in Form eines Regenbogens auf die Oberseite der Torte. Am besten legt ihr euch dafür das Motiv vorher einmal auf der Torte vor, damit ihr seht, wie es am besten passt.

★★ **7** Knetet das weiße Fondant gut durch und rollt es anschließend aus. Am besten messt ihr eure Torte vorher einmal aus, damit ihr wisst, welchen Durchmesser eure Fondant-Decke haben muss. Anschließend legt ihr die Fondant-Decke über die Torte und drückt sie Stück für Stück faltenfrei fest.

Notizen

_____
_____
_____
_____
_____
_____
_____

Kreative OBST-SNACKS

Das Auge isst bekanntlich mit. Das ist nicht nur bei Kindern so. Außerdem macht es Spaß, hübsches Fingerfood zu naschen. Diese besonderen Obstteller sind echte Highlights im Alltag und animieren sogar den einen oder anderen Obst- und Gemüsemuffel zum Probieren.

PINGUIN-BANANEN

ZUTATEN

Bananen • Zartbitter- oder Vollmilch-Kuvertüre
Orangefarbene Schokolinsen • Zuckeraugen

1 Gebt die Kuvertüre in ein hohes Gefäß und schmelzt sie in einem Wasserbad oder in der Mikrowelle.

2 Schält die Bananen und halbiert sie. Tunkt die Bananen in die Kuvertüre – und zwar so, dass der Kopf und der Rücken der Pinguine voller Schokolade sind. Klebt anschließend als Gesichter Zuckeraugen und eine Schokolinse als Schnabel auf. Tunkt je zwei weitere Schokolinsen in die Kuvertüre und klebt diese als Füße an die Pinguine. Legt die Pinguine anschließend für 5-10 Minuten in den Gefrierschrank, damit die Schokolade schön fest wird. Danach sollten sie sofort gegessen werden.

REGENBOGEN-PFAU

ZUTATEN

Obst in Regenbogenfarben • ½ Birne
1 Karotte • Zuckeraugen

1 Für den bunten Pfau braucht ihr Obst in Regenbogenfarben. Wir haben blaue Heidelbeeren, grüne Weintrauben, rote Erdbeeren und Mandarinen aus der Dose verwendet. Wascht das Obst ab und lasst es gut abtropfen. Schneidet die Erdbeeren in kleine Stücke.

2 Halbiert und entkernt die Birne. Platziert sie anschließend in der unteren Mitte eines großen Tellers. Legt nun die verschiedenen Schichten Obst um den Pfau. Erst die Heidelbeeren, dann die Weintrauben, anschließend die Erdbeeren und zum Schluss die Mandarinen. Schneidet aus einem Stück Karotte einen kleinen Schnabel und zwei Füße. Platziert diese zusammen mit den Zuckeraugen auf dem Pfau.

ZUTATEN

Wassermelone ● 1 Kiwi ● 1–2 Erdbeeren ● Heidelbeeren
1 Stück Honigmelone ● 10 g weiße Schokolade

WASSERMELONEN-PIZZA

⭐⭐ **1** Wascht die Erdbeeren und die Heidelbeeren ab und lasst sie gut abtropfen. Schneidet die Erdbeeren in kleine Stücke. Schält die Kiwi und schneidet sie in Scheiben. Schneidet aus einem Stück Honigmelone kleine Stücke.

⭐⭐ **2** Schneidet aus der Wassermelone eine große Scheibe, legt diese auf ein hübsches Brett und achtelt sie. Platziert die Stücke anschließend mit etwas Abstand zueinander. Belegt die Wassermelone mit dem restlichen Obst und reibt als „Käse" etwas weiße Schokolade über die Wassermelonen-Pizza.

MARSHMALLOW-OBST-SPIESSE

ZUTATEN

Wassermelone ● Erdbeeren ● Heidelbeeren
Marshmallows **AUSSERDEM:** Schaschlikspieße

⭐ **1** Wascht die Erdbeeren und die Heidelbeeren ab, lasst sie gut abtropfen und halbiert die Erdbeeren.

⭐ **2** Schneidet 1–2 Scheiben aus der Wassermelone und stecht daraus kleine Sterne oder andere Motive aus. Steckt das Obst und die Marshmallows abwechselnd auf die Schaschlikspieße.

WASSERMELONE AM STIEL

ZUTATEN

Wassermelone **AUSSERDEM:** Holz-Eisstiele

⭐⭐ Schneidet aus der Wassermelone Scheiben, teilt diese anschließend in Achtel. Nehmt ein scharfes Messer und ritzt die Schale jeweils einmal mittig ein. Dort steckt ihr anschließend den Eis-Stiel hindurch. Richtet die Wassermelone am Stiel auf Crushed Ice an.

Notizen

_____
_____
_____
_____
_____
_____
_____
_____
_____
_____

TIPP

Ihr könnt dem Tintenfisch auch mit einem schwarzen Lebensmittelstift ein Gesicht aufmalen.

TINTENFISCH-WÜRSTCHEN
auf Kartoffelbrei

Manchmal sind die einfachsten Zutaten die besten. Sie schmecken den meisten Kindern und lassen sich trotz ihrer Einfachheit unterschiedlich kombinieren und kreativ anrichten. Ein Beispiel dafür ist das Tintenfisch-Würstchen auf Kartoffelbrei. Ein simples Essen, das mit wenig Aufwand zu etwas Besonderem wird.

ZUTATEN

FÜR DAS KARTOFFELPÜREE: 500 g Kartoffeln (mehligkochend) ◦ 60 g Butter ◦ 80 ml Milch ◦ 1 Prise geriebene Muskatnuss ◦ Salz und Pfeffer

AUSSERDEM: 300 g Karotten ◦ Wiener Würstchen ◦ Schwarzer Lebensmittelstift ◦ Schnittlauch ◦ Knabberfische aus der Tüte

1 Zunächst wird das Kartoffelpüree zubereitet. Dafür schält ihr die Kartoffeln und schneidet sie in kleine Würfel. Gebt die Kartoffeln in einen Kochtopf, füllt diesen mit Wasser auf und lasst die Kartoffeln ca. 20-25 Minuten gar kochen.

2 Schält die Karotten, schneidet sie mit einem Julienneschneider in Streifen und kocht sie ebenfalls 10-15 Minuten gar.

3 Gießt die fertig gekochten Kartoffeln ab und stellt sie einen Moment zur Seite. Gebt nun die Milch für das Kartoffelpüree zusammen mit der Butter in einen kleinen Topf und erhitzt beides zusammen. Gebt etwas Muskatnuss, Pfeffer und Salz dazu und rührt die Gewürze gut unter.

4 Stampft die Kartoffeln und gebt nach und nach die Butter-Milch-Mischung dazu. Stampft dann so lange weiter, bis das Kartoffelpüree schön glatt und geschmeidig ist. Schmeckt das Püree anschließend mit Salz und Pfeffer ab.

5 Gebt die Wiener Würstchen in eine Schüssel mit heißem Wasser, um sie zu erwärmen. Gießt nun die Karottenstreifen aus dem Topf in ein Sieb und lasst sie gut abtropfen. Richtet sie anschließend wie ein rundes Nest auf dem Teller an.

6 Gebt etwas von dem Kartoffelpüree auf die Karotten, verteilt es gleichmäßig und streicht es schön glatt. Halbiert die Wiener Würstchen und schneidet sie anschließend an der Schnittfläche viermal bis zur Mitte ein, sodass acht Tintenfischarme entstehen. Platziert dann den fertigen Tintenfisch mit ausgestreckten Armen auf dem Kartoffelpüree.

7 Zum Schluss rundet ihr den maritimen Look ab, indem ihr das Ganze mit etwas Schnittlauch als Seegras und einem Schwarm Knabberfische verziert.

REGENBOGEN-EIS
am Stiel

Im Sommer gehört Eis einfach dazu! Am besten am Stiel und direkt in die Hand. Selbstgemachtes Regenbogen-Eis ist ein echtes Highlight an warmen Sommertagen. Das bunte Eis sieht nicht nur toll aus, sondern schmeckt unglaublich lecker – nach frischen Früchten, etwas Joghurt und einer gesunden Süße.

ZUTATEN

FÜR DIE LILAFARBENE SCHICHT:
100 g Heidelbeeren

FÜR DIE BLAUE SCHICHT:
100 g Heidelbeeren ● Blaue Lebensmittelfarbe

FÜR DIE GRÜNE SCHICHT:
100 g Kiwi

FÜR DIE GELBE SCHICHT:
100 g Ananas

FÜR DIE ORANGEFARBENE SCHICHT:
100 g Orangen

FÜR DIE ROTE SCHICHT:
70 g Erdbeeren ● 30 g Himbeeren

AUSSERDEM:
50 g Banane (je Schicht)
50 g griechischer Joghurt (je Schicht)
Eisförmchen ● Eisstiele

1 Stellt eure Eisförmchen, alle Zutaten und einen Mixer bereit. Das Rezept reicht für 12-15 Eis am Stiel. Solltet ihr nicht ausreichend Eisförmchen haben, eignen sich auch leere Joghurtbecher ganz wunderbar.

2 Gebt alle Zutaten für die lilafarbene Schicht in den Mixer und püriert das Ganze zu einer cremigen Masse. Füllt diese anschließend als erste Schicht in die Eisförmchen und stellt diese für 30-45 Minuten in den Gefrierschrank.

3 Bereitet anschließend die blaue Schicht vor. Gebt dafür alle Zutaten für diese Schicht sowie etwas blaue Lebensmittelfarbe in den Mixer und püriert das Ganze.

4 Nehmt die Eisförmchen aus dem Gefrierschrank und steckt vorsichtig die Eisstiele in die erste Schicht. Stellt die Förmchen anschließend für weitere 15-20 Minuten in den Gefrierschrank. Füllt dann die blaue Schicht in die Förmchen und stellt das Ganze wieder für 40-45 Minuten in den Gefrierschrank.

5 Verfahrt mit den weiteren Schichten wie in den bisherigen Schritten: Zutaten in den Mixer, pürieren, in die Eisförmchen füllen, in den Gefrierschrank stellen, fest werden lassen, nächste Schicht.

6 Sobald ihr alle Schichten in die Förmchen gefüllt habt, sollte das Eis für mind. 6 Stunden im Gefrierschrank bleiben. Ich empfehle sogar, es über Nacht im Gefrierschrank festwerden zu lassen.

Notizen

_____
_____
_____
_____
_____
_____
_____
_____
_____
_____
_____
_____

TiPP

Wünscht ihr euch das Eis
süßer, gebt mehr Banane dazu.
Wünscht ihr euch kräftigere
Farben, nutzt bei jeder Schicht
etwas Lebensmittelfarbe.

☆☆☆☆☆

Notizen

_____
_____
_____
_____
_____
_____
_____
_____
_____
_____

☆ ☆ ☆ ☆ ☆

SÜSSES STOCKBROT

Traditionell wird Stockbrot aus einem einfachen Hefeteig hergestellt.
Wir mögen ihn allerdings lieber mit einer leichten Süße. Doch ganz
abgesehen vom Geschmack ist ein Lagefeuer mit Stockbrot jedes Mal
ein kleines Abenteuer – ganz gleich zu welcher Jahreszeit!

ZUTATEN

Für den Teig: 500 g Mehl ◦ 70 g Zucker ◦ 2 Pck. Vanillezucker ◦ 1 Pck. Trockenhefe
250 ml lauwarme Milch ◦ 100 g weiche Butter ◦ 1 Ei ◦ 1 Prise Salz

Für den Dip: 300 g Quark ◦ 2 EL Honig ◦ 10 g gehackte Kräuter

Außerdem: Stabile Stöcke (ca. 70–80 cm lang)

1 Gebt alle Zutaten für den Teig in eine Rührschüssel. Nutzt zuerst die Knethaken eures Mixers, anschließend eure Hände, um die Zutaten miteinander zu vermengen und den Teig geschmeidig zu kneten. Sollte er am Ende noch etwas zu feucht sein, gebt ihr einfach noch etwas Mehl dazu. Formt den Teig zu einer Kugel, gebt ihn in eine saubere Schüssel, deckt diese mit einem Handtuch ab und lasst ihn für 1–2 Stunden an einem warmen Ort ruhen.

2 Füllt den Quark für den Dip in eine kleine Schüssel und rührt den Honig und die Kräuter darunter.

3 Knetet den Teig für euer Stockbrot ein weiteres Mal kräftig durch und formt anschließend Teigschlangen daraus, mit denen ihr die Stockspitzen umwickelt. Drückt den Teig dabei gut fest. Als Stöcke eignen sich Haselnusszweige und Weidenruten besonders gut. Alternativ funktioniert das auch mit Bambusstäben aus dem Baumarkt.

4 Stockbrot gelingt am besten, wenn es über der Glut eines Lagerfeuers gebacken wird. Falls ihr jedoch nicht so lange warten möchtet, solltet ihr darauf achten, den Teig nicht direkt ins Feuer, sondern darüber zu halten. Achtet dabei auf ausreichend Abstand zum Feuer. Erwachsene sollten das Feuer stets im Blick haben. Kinder sollten sich in keiner Sekunde unbeaufsichtigt in der Nähe des Feuers aufhalten! Außerdem braucht ihr etwas Geduld, denn Stockbrot braucht seine Zeit, um gar zu werden. Das fertige Stockbrot könnt ihr entweder pur essen oder in den Honig-Kräuterquark dippen.

REZEPTE

FÜR DEN
HERBST

Gefüllte HALLOWEEN-PAPRIKA

Nichts steht symbolischer für Halloween als ausgehöhlte Kürbisse mit gruseligen, manchmal auch freundlichen Fratzen. Das Ganze lässt sich wunderbar auf ein halloweenmäßiges Rezept übertragen, in dem zwar keine Kürbisse vorkommen, dafür aber farblich passende Paprika mit den unterschiedlichsten Gesichtsausdrücken.

ZUTATEN

FÜR DIE GEFÜLLTEN HALLOWEEN-PAPRIKA: 200 g Naturreis ● 1 Zwiebel
2 Karotten ● 1 Zucchini ● 2 EL Olivenöl ● 2 EL Petersilie- oder Kräutermischung
125 g geriebener Käse ● Salz und Pfeffer ● 4 Paprika (gelb, rot oder orange)

FÜR DIE SOSSE: 250 ml Gemüsebrühe ● 3-4 EL Tomatenmark

1 Kocht den Reis zusammen mit einer Prise Salz gar und stellt ihn anschließend zur Seite.

★★ **2** Schält die Zwiebel und die Karotten. Schneidet die Zwiebel klein und die Karotten in dünne Scheiben. Anschließend schneidet ihr die Zucchini in kleine Würfel.

★★ **3** Bratet die Zwiebel in etwas Olivenöl an, gebt anschließend die Zucchini und die Karotten hinzu und bratet beides kurz mit. Gebt anschließend den Reis, die Kräuter und den Käse dazu, verrührt alles miteinander und schmeckt es mit Salz und Pfeffer ab.

4 Heizt den Backofen auf 180°C (Ober-/Unterhitze) vor.

★★ **5** Wascht die Paprika gründlich ab und schneidet mit einem scharfen Messer im Zick-Zack-Muster einen Deckel von der Paprika. Entfernt anschließend das Kerngehäuse. Schneidet danach mit einem scharfen Messer lustig-gruselige Halloween-Fratzen in die Paprika. Füllt sie anschließend mit der Reis-Gemüse-Käse-Mischung und setzt den Deckel wieder auf.

★ **6** Rührt das Tomatenmark in die Gemüsebrühe und gebt die Soße in eine Auflaufform. Stellt die gefüllten Paprika in die Soße und lasst sie für 20-25 Minuten bei 180°C (Ober-/Unterhitze) garen. Serviert die fertige Halloween-Paprika mit etwas Soße aus der Form an frischem Salat.

Notizen

_____

_____

_____

_____

_____

_____

☆ ☆ ☆ ☆ ☆

Notizen

_____

_____

_____

_____

_____

_____

_____

_____

_____

☆ ☆ ☆ ☆ ☆

TiPP

Zum Anrichten eures Baustellen-Kuchens könnt ihr noch ein paar gehackte Mandeln um den Kuchen herumstreuen, um auf diese Weise etwas Baustellen-sand zu symbolisieren.

BAUSTELLEN-KUCHEN

Baustellen faszinieren Kinder – ganz gleich ob gerade eine Straße erneuert, eine Brücke oder ein ganzes Haus gebaut wird. Kleine Bagger- und Baustellenfans kennen wir alle. Umso mehr leuchten Kinderaugen, wenn zur nächsten Gelegenheit, vielleicht einem entsprechenden Motto-Kindergeburtstag, der passende Kuchen auf dem Tisch steht!

ZUTATEN

Für den Kuchen: 200 g Margarine (zimmerwarm) ⚬ 250 g Zucker
1 Pck. Vanillezucker ⚬ 350 g Mehl ⚬ 2 TL Backpulver ⚬ 1 Pck. Vanillepudding zum Kochen
4 Eier ⚬ 200 ml Mineralwasser mit Kohlensäure ⚬ Rote Lebensmittelfarbe

Für die Puddingcreme: 1 Pck. Vanillepudding zum Kochen
200 g Butter (zimmerwarm) ⚬ 50 g Puderzucker

1 Heizt den Backofen auf 160°C (Umluft) vor und legt ein Backblech mit Backpapier aus.

⭐ **2** Schlagt die Margarine, den Zucker und den Vanillezucker in einer Rührschüssel schaumig. Anschließend kommen das Mehl, das Backpulver, das Puddingpulver und die Eier hinzu. Rührt den Teig erneut gut durch. Zum Schluss rührt ihr das Mineralwasser und die Lebensmittelfarbe unter.

⭐⭐ **3** Verteilt den Teig gleichmäßig auf dem Backblech und streicht ihn schön glatt. Die Masse reicht für ein mittelgroßes Backblech (40 x 30 cm). Für ein größeres Backblech solltet ihr die 1,5-fache Menge Teig und Puddingcreme zubereiten! Backt den Kuchen ca. 20 Minuten bei 160°C (Umluft). Lasst ihn anschließend gut abkühlen.

⭐⭐ **4** Kocht den Pudding für die Puddingcreme nach Packungsanleitung, nehmt dafür aber nur die Hälfte an Zucker und 100 ml weniger Milch als auf der Packung angegeben. Lasst den fertigen Pudding auf Zimmertemperatur abkühlen.

⭐ **5** Gebt die Butter in eine Rührschüssel, siebt den Puderzucker darüber und schlagt das Ganze schaumig. Gebt nach und nach den fertigen Pudding darunter und rührt dabei so lange weiter, bis eine cremige Masse entstanden ist.

⭐⭐ **6** Nehmt nun ein Maßband und messt euren fertigen Kuchen der Breite und der Länge nach aus. Unterteilt ihn dann in gleichgroße Stücke, indem ihr beim Abmessen kleine Markierungen mit dem Messer in den Rand des Kuchens schneidet und den gesamten Kuchen anschließend entlang dieser Markierungen aufteilt.

⭐⭐ **7** Wählt eine passende Unterlage für euren Kuchen und stapelt eure Kuchen-Ziegelsteine einmal Probe, um zu sehen, wie sie auf die Unterlage passen. Achtet dabei darauf, die Kuchenstücke versetzt zu stapeln. Anschließend verteilt ihr die Puddingcreme in allen „Fugen" zwischen den Kuchenstücken.

Lustige
KARTOFFEL-EULEN

Meine Kinder finden Eulen faszinierend. Nicht zuletzt, weil sie in vielen Kinderfilmen und Fantasyabenteuern vorkommen. Umso mehr leuchten ihre Augen, wenn zwischendurch unsere geliebten Kartoffel-Eulen auf den Tisch kommen. Sie sind schnell gemacht, schmecken allen und sehen außerdem richtig lustig aus.

ZUTATEN

FÜR DAS KARTOFFELPÜREE: 500 g Kartoffeln (mehligkochend) ◦ 60 g Butter 80 ml Milch ◦ 1 Prise geriebene Muskatnuss ◦ Salz und Pfeffer
FÜR DIE VERZIERUNG: 1 rote Paprika ◦ ½ Gurke ◦ Schwarze Oliven 2 Wiener Würstchen ◦ Feldsalat ◦ 1-2 Karotten

★★ **1** Zunächst wird das Kartoffelpüree zubereitet. Dafür schält ihr die Kartoffeln und schneidet sie in kleine Würfel. Anschließend gebt ihr die Kartoffeln in einen Kochtopf, füllt diesen mit Wasser auf und lasst sie ca. 20-25 Minuten gar kochen.

★★ **2** Während der Kochzeit könnt ihr das Gemüse und die Würstchen für die Eulen vorbereiten. Schneidet dafür Flügel und Schnäbel aus der roten Paprika. Die Gurke, die Oliven und die Würstchen schneidet ihr in dünne Scheiben.

★★ **3** Wascht den Feldsalat und trocknet ihn anschließend gut ab. Schält die Karotten und schneidet sie mit einem Julienneschneider in dünne Streifen. Richtet die Karottenstreifen zusammen mit dem Feldsalat wie kleine Bäumchen auf den Tellern an.

★ **4** Erhitzt die Milch zusammen mit der Butter in einem kleinen Topf. Gebt etwas Muskatnuss, Pfeffer und Salz dazu und rührt die Gewürze gut unter. Stampft die Kartoffeln und gebt nach und nach die Butter-Milch-Mischung dazu. Stampft dann so lange weiter, bis das Kartoffelpüree schön glatt und geschmeidig ist. Bei Bedarf gebt ihr etwas mehr Milch hinzu. Schmeckt das Püree anschließend ab.

★ **5** Füllt das Kartoffelpüree in kleine runde Förmchen und streicht es darin gleichmäßig glatt. Legt die Gurken zusammen mit den Oliven als Augen auf das Kartoffelpüree, platziert außerdem die Paprika-Flügel und den Paprika-Schnabel und legt aus den dünnen Würstchenscheiben das „Federkleid". Serviert die Kartoffel-Eule auf dem Teller mit dem Karotten-Feldsalat-Bäumchen.

Notizen

Notizen

_____
_____
_____
_____
_____
_____
_____
_____
_____
_____

☆ ☆ ☆ ☆ ☆

Eine Auswahl an Glückskeks-Sprüchen:

Danke, dass du mich aus dem Keks befreit hast.

Komm auf die dunkle Seite der Macht: Dort gibt es Kakao und Kekse.

Sei immer du selbst, außer du kannst ein Einhorn sein; dann sei ein Einhorn.

Immer, wenn du denkst, es geht nicht mehr, kommt von irgendwo ein Dackel her.

Das Glück, welches du suchst, steckt in einem anderen Keks.

TIPP

Nach dem Backen habt ihr nur sehr wenig Zeit, um den Spruch zu platzieren und den Glückskeks zu formen. Daher empfehle ich euch, nur 2–4 Kekse gleichzeitig zu backen. Das dauert zwar länger, aber dafür gelingen euch die Kekse dann auch.

Chinesische GLÜCKSKEKSE

Glückskekse sind etwas Besonderes, denn sie beinhalten kleine Überraschungen in Form von Sprüchen. Diese bringen uns zum Schmunzeln, zum Lachen oder zum Nachdenken. Bei uns gehören Glückskekse zu jedem Silvesterabend und Neujahrsmorgen dazu. Das Backen eigener Glückskekse ist zwar etwas knifflig, denn es bedarf Geduld und Schnelligkeit, dafür schmecken die selbst gemachten Kekse aber viel besser als die aus der Packung. Außerdem macht es Spaß, passende Sprüche für die Freunde und die Familie auszuwählen.

ZUTATEN

2 Eiweiß ◦ 3 EL Zucker ◦ 125 g Zucker
1 Pck. Vanillezucker ◦ 100 g Mehl ◦ 50 g flüssige Butter

1 Zunächst benötigt ihr die Sprüche für eure Glückskekse. Überlegt sie euch zusammen und druckt sie anschließend in kleiner Schrift auf schmalen Papierstreifen aus. Alternativ könnt ihr die Papierstreifen mit einem wasserfesten Stift per Hand beschriften.

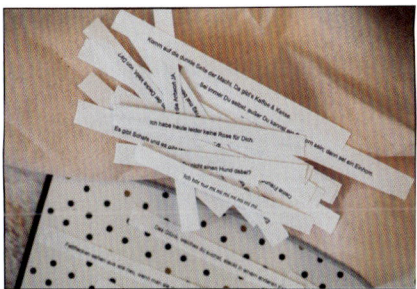

2 Zeichnet mit einem Bleistift Kreise mit einem Durchmesser von 8 cm auf ein Backpapier. Platziert das Backpapier anschließend mit der Bleistiftseite nach unten auf dem Backblech.

3 Heizt den Backofen auf 180°C (Ober-/Unterhitze) vor.

4 Bereitet nun den Teig zu. Gebt dafür das Eiweiß zusammen mit 3 EL Zucker in eine Schüssel und schlagt es steif. Gebt anschließend den übrigen Zucker dazu und schlagt weiter. Zum Schluss kommen der Vanillezucker, das Mehl und die Butter hinzu. Rührt das Ganze kurz unter.

5 Nehmt einen Teelöffel und gebt eine kleine Menge Teig auf einen der Kreise auf dem Backpapier. Verstreicht die Teigmasse innerhalb des Kreises dabei möglichst dünn. Backt die Kekse für 5-7 Minuten bei 180°C (Ober-/Unterhitze). Behaltet sie dabei stets im Blick. Sobald die Ränder hellbraun werden, sind sie fertig.

6 Nehmt das Backblech aus dem Ofen, platziert die Teigkreise vor euch auf einem Brett und legt sofort einen Spruch in den Keks, faltet ihn dann schnellstmöglich in der Mitte zusammen und stülpt ihn anschließend mit der geraden Kante nach unten über den Rand eines Glases oder einer Schüssel. Lasst den Keks dort erkalten und fest werden.

Gefüllte Mini-Kürbisse

an Süßkartoffel-Pommes

Gefüllte Kürbisse sind einfach lecker! Man kann die Füllung einfach herauslöffeln oder die Kürbisse im Ganzen essen. Die Süßkartoffel-Pommes aus dem Backofen werden nicht knusprig, sondern cremig. Aufgrund ihrer Süße und dem damit einhergehenden geschmacklichen Kontrast eignen sie sich wunderbar als Beilage zu den gefüllten Mini-Kürbissen.

ZUTATEN

FÜR DIE GEFÜLLTEN MINI-KÜRBISSE: 4–5 kleine Hokkaido-Kürbisse ◦ 1 Zwiebel
400 g Hackfleisch ◦ 1–2 EL Pflanzenöl ◦ 2 EL Tomatenmark ◦ 100 g Crème fraîche
100 ml Sahne ◦ Salz und Pfeffer ◦ 100 geriebener Käse
FÜR DIE SÜSSKARTOFFEL-POMMES: 3 große Süßkartoffeln ◦ 4 EL Stärke
4 EL Olivenöl ◦ Salz und Pfeffer ◦ Rosmarin

1 Schält die Süßkartoffeln und schneidet sie in Pommes-Streifen. Gebt sie in eine Schale mit Wasser und lasst sie 60 Minuten darin ruhen. Gießt das Wasser anschließend ab, trocknet die Pommes gut ab und gebt sie dann zusammen mit der Stärke, dem Öl sowie etwas Salz und Pfeffer zurück in die Schüssel. Vermengt alles miteinander.

2 Wascht die Kürbisse gründlich ab, schneidet anschließend den Deckel ab und entfernt das Fruchtfleisch und die Kerne. Das funktioniert am besten mit einem Eisportionierer oder einem Löffel. Lasst den Kürbissen einen Rand von 2–3 cm und stellt das Fruchtfleisch zur Seite. Gart die ausgehöhlten Kürbisse und die Deckel für 15 Minuten bei 180°C (Ober-/Unterhitze) im Backofen.

3 Schält die Zwiebel und schneidet sie klein. Schneidet anschließend das Kürbisfleisch in kleine Würfel. Gebt beides zusammen mit dem Hackfleisch und etwas Pflanzenöl in eine Pfanne und bratet es an. Rührt anschließend das Tomatenmark, die Crème fraîche und die Sahne unter und schmeckt das Ganze mit Salz und Pfeffer ab.

4 Holt die Mini-Kürbisse aus dem Ofen und füllt sie mit der Hackfleischmasse. Streut anschließend den geriebenen Käse darüber und setzt die Deckel wieder auf.

5 Verteilt die Süßkartoffel-Pommes so auf einem mit Backpapier ausgelegten Backblech, dass sie sich dabei nicht berühren. Verteilt frischen Rosmarin darauf.

6 Schiebt beides zusammen für 20–25 Minuten bei 180°C (Ober-/Unterhitze) in den Backofen. Behaltet die Pommes dabei gut im Blick, damit sie nicht zu dunkel werden. Die Kürbisse brauchen 5–10 Minuten länger, bis sie gar sind. Serviert die gefüllten Mini-Kürbisse an den Süßkartoffel-Pommes mit etwas Dip, Ketchup oder Mayonnaise. Die Kürbisse können mit Schale gegessen werden.

Notizen

_____

_____

_____

_____

_____

_____

_____

KARTOFFELCHIPS
am Spieß

Leckere Kartoffelchips müssen nicht immer aus der Tüte kommen, sie lassen sich auch selbst herstellen. Das Besondere an den Kartoffelchips am Spieß ist, dass es unglaublich viel Spaß macht, sie zu essen, indem man die einzelnen Kartoffelscheiben vom Spieß zieht oder knabbert. Im Backofen werden die Chips zwar nicht so knusprig wie in der Fritteuse, doch das tut dem Geschmack keinerlei Abbruch.

ZUTATEN

Kartoffeln (mittelgroß) ● Speiseöl ● Salz und Pfeffer ● Paprikagewürz

AUSSERDEM: Schaschlikspieße

1 Je nachdem, wie viele Kartoffelchips am Spieß ihr zubereiten möchtet, legt ihr euch eine entsprechende Anzahl an mittelgroßen Kartoffeln bereit. Anschließend schält ihr die Kartoffeln.

2 Schneidet die Kartoffeln in gleichgroße und gleichdünne Scheiben. Das funktioniert am besten mit einer Reibe. Spießt die Kartoffelscheiben auf Schaschlikspieße auf. Achtet dabei auf etwas Abstand zwischen den Kartoffelscheiben.

3 Heizt den Backofen auf 220°C (Ober-/Unterhitze) vor. Legt außerdem ein Backblech mit Backpapier aus.

4 Platziert die fertigen Spieße über einer Schüssel, sodass die Enden der Schaschlikspieße auf dem Schüsselrand aufliegen und sich die Kartoffelscheiben über der Schüssel befindet. Streicht die Kartoffeln mithilfe eines Backpinsels mit Speiseöl ein und würzt sie nach Belieben mit Salz, Pfeffer und Paprikagewürz. Viele Kinder mögen die Kartoffelchips am liebsten ungewürzt. Probiert es also einfach aus.

5 Legt die Spieße anschließend auf das Backblech und schiebt sie für 25-30 Minuten bei 220°C (Ober-/Unterhitze) in den Backofen. Die Kartoffelchips sind fertig, sobald sie an den Rändern schön braun geworden sind. Lasst sie vor dem Verzehr etwas abkühlen.

Notizen

_____

_____

_____

_____

_____

_____

TiPP

Anstelle von normalen Kartoffeln
könnt ihr auch Süßkartoffeln
verwenden. Süßkartoffelchips
sind – wie ihr Name schon sagt –
vom Geschmack her süßlich und
unterscheiden sich dadurch von
herkömmlichen Kartoffelchips.

MOTIV-KEKSE

Wer Lust hat, mal ganz besondere Kekse zu backen, sie vielleicht sogar zu verschenken, sollte unbedingt dieses Rezept für leckere Motiv-Kekse ausprobieren.
Ob ihr den Keksen ein Herz-, ein Sternen- oder ein Blumenmotiv verleiht, könnt ihr
dabei ganz individuell entscheiden. Auch die Farben könnt ihr selbst bestimmen.
Das Rezept ist nicht schwierig, lediglich etwas zeitaufwändig. Aber es lohnt sich!

ZUTATEN

FÜR DEN KEKSTEIG: 250 g weiche Butter
250 g Zucker • 2 Pck. Vanillezucker
3 Eigelb • 500 g Mehl • 2 TL Backpulver
Lebensmittelfarbe (grün, lila, rosa)

AUSSERDEM: Motiv-Keksausstecher (z.B. Stern)
1 Eiweiß • Bunte Streusel

Notizen

_____

_____

_____

_____

_____

_____

⭐ **1** Für den Keksteig gebt ihr die Butter in eine Rührschüssel und schlagt sie 1-2 Minuten lang auf. Gebt nach und nach erst den Zucker und den Vanillezucker, dann die drei Eigelb dazu und rührt alles gut um. Mischt das Mehl mit dem Backpulver und siebt es zu den restlichen Zutaten. Knetet den Teig mit euren Händen glatt. Legt ⅓ des Teiges beiseite. Unterteilt den übrigen Teig in drei gleichgroße Portionen.

⭐⭐ **2** Zieht euch Einweg- oder Küchenhandschuhe an und knetet anschließend in jede Teigportion eine der drei Lebensmittelfarben ein. Formt drei große Kugeln aus den gefärbten Teigen und legt sie für 30-60 Minuten in den Kühlschrank.

⭐⭐ **3** Knetet den Teig gut durch und teilt jede Teigfarbe in zwei Hälften. Rollt diese zwischen zwei Backpapieren möglichst gleichgroß aus. Begradigt anschließend alle Ränder, sodass sechs saubere Teig-Vierecke entstehen.

⭐⭐ **4** Nehmt ein Eiweiß und schlagt es kurz etwas auf. Bestreicht die Teig-Vierecke damit und stapelt sie übereinander. Stellt zum Schluss alles für 30 Minuten in den Gefrierschank.

⭐⭐ **5** Anschließend schneidet ihr gleichgroße Scheiben von dem Teig und stecht das von euch gewünschte Motiv daraus aus. Wiederholt diesen Vorgang so lange, bis der Teig aufgebraucht ist. Klebt die ausgestochenen Motive mit etwas Eiweiß zusammen. Legt das Ganze anschließend für weitere 30-60 Minuten in den Gefrierschrank.

⭐⭐ **6** Nun kommt der kniffligste Teil: Ihr müsst eure zusammengeklebten Motive mit dem vorher beiseite gelegten hellen Teig ummanteln. Das funktioniert nur Stück für Stück. Rollt zunächst kleine Teigstränge und klebt diese in alle Ritzen und Rillen. Ummantelt nach und nach alle Kanten und fügt dabei immer mehr Teig hinzu.

Zum Schluss rollt ihr alles vorsichtig glatt und legt es für 30-60 Minuten in den Gefrierschrank.

⭐ **7** Heizt den Ofen auf 180°C (Ober-/Unterhitze) vor.

⭐ **8** Bestreicht die gesamte Oberfläche der Keksrolle mit dem Eiweiß und wälzt sie anschließend in den bunten Streuseln.

⭐⭐ **9** Schneidet mit einem scharfen Messer gleichgroße Scheiben von der Keksrolle. Platziert die Motiv-Kekse auf einem mit Backpapier ausgelegtem Backblech und backt sie für 10-12 Minuten bei 180° (Ober-/Unterhitze).

MINI-AUFLÄUFE

Ähnlich wie beim allseits beliebten Raclette kann bei den Mini-Aufläufen jeder selbst entscheiden, womit er seine Auflaufform füllen und überbacken möchte. Das macht Kindern besonders viel Spaß und animiert sie dazu, verschiedene Zutaten-Kombinationen auszuprobieren. Außerdem: Selbst gemacht und entschieden schmeckt sowieso am besten!

ZUTATEN

FÜR DIE BOLOGNESE: 1 kleine Zwiebel ● 500 g Hackfleisch
500 g passierte Tomaten ● 40 ml Olivenöl
3 TL italienische Kräuter ● 2 TL Zucker ● Salz und Pfeffer

AUSSERDEM: Gekochte Kartoffeln ● Gekochte Nudeln ● Lasagneplatten
Frisches Gemüse (z.B. Paprika, Pilze, Zucchini, Tomaten) ● Spinat
Geriebener Käse ● Mozzarella ● Crème fraîche

HINWEIS: Da die Mengenangaben aufgrund persönlicher Vorlieben stark variieren können, entscheidet ihr am besten selbst, wie viele Kartoffeln, wie viele Nudeln und wie viel Gemüse ihr vorbereitet.

⭐⭐ **1** Zunächst bereitet ihr die Bolognese zu. Schält die Zwiebel und schneidet sie klein. Gebt das Hackfleisch zusammen mit der Zwiebel in einen Kochtopf und bratet beides zusammen an. Füllt das fertige Hackfleisch anschließend um und stellt es erst mal zur Seite.

⭐⭐ **2** Gebt nun die passierten Tomaten zusammen mit dem Olivenöl, den Gewürzen und dem Zucker in den Topf, verrührt alles miteinander und erhitzt das Ganze kurz. Gebt anschließend das Hackfleisch dazu und stellt die fertige Bolognese erst mal zur Seite.

⭐⭐ **3** Kocht und schält die Kartoffeln und schneidet sie anschließend in Scheiben. Kocht die Nudeln, lasst sie gut abtropfen und gebt zum Schluss etwas Speiseöl oder Butter dazu, damit sie nicht verkleben. Das Gemüse wascht ihr und schneidet es klein.

⭐ **4** Füllt den geriebenen Käse, den Mozzarella und die Crème fraîche in kleine Schüsseln. Legt außerdem ein paar Lasagneplatten bereit. Deckt gemeinsam den Tisch. Pro Person braucht ihr 1-2 kleine Auflaufformen.

5 Heizt den Backofen auf 180°C (Umluft) vor.

6 Nun füllt jeder seine Auflaufformen nach Belieben. Ganz gleich ob mit Kartoffeln, Nudeln oder Lasagneplatten, mit oder ohne Gemüse, mit viel oder wenig Käse, mit Spinat oder Bolognese oder mit einer völlig neuen Zutaten-Zusammenstellung. Anschließend müssen die Mini-Aufläufe für 30-40 Minuten bei 180°C (Umluft) im Backofen überbacken. Serviert sie dann mit etwas frischem Salat.

Notizen

_____
_____
_____
_____
_____
_____
_____
_____
_____
_____

PIÑATA-TORTE

Bei uns gehört zu jedem Kindergeburtstag eine Piñata dazu. Die Kinder lieben die Pappmaché-Gestalten, aus denen am Ende unzählige Süßigkeiten rieseln. Deshalb könnt ihr euch sicher vorstellen, dass die mit Schokolinsen gefüllte Piñata-Torte genauso viel Begeisterung auslöst. Vor allem, wenn vor dem Anschneiden niemand etwas von der Füllung weiß. Was für eine Überraschung!

ZUTATEN

Für die beiden Biskuitteige:

6 Eier ● 250 g Zucker ● 4 Pck. Vanillezucker ● 250 g Mehl
2 TL Backpulver ● 100 g weiche Butter

Für die Buttercreme:

600 g weiche Butter ● 150 g Puderzucker ● Geriebene Schale einer frischen Zitrone

Außerdem:

Weiße Fondant-Decke ● Bunte Schokolinsen ● Puderzucker ● Wasser

1 Für die Piñata-Torte benötigt ihr eine Springform mit einem Durchmesser von 20 cm. Mit dieser backt ihr zwei Biskuitbögen hintereinander. Legt die Springform mit Backpapier aus und schneidet das überschüssige Backpapier ab. Heizt den Backofen auf 180°C (Ober-/Unterhitze) vor.

2 Gebt die Eier in eine Rührschüssel und schlagt sie schön schaumig. Gebt anschließend den Zucker und den Vanillezucker dazu und rührt 1-2 Minuten weiter.

3 Vermischt das Mehl mit dem Backpulver, siebt es anschließend zu den restlichen Zutaten und rührt alles zusammen noch einmal durch. Rührt zum Schluss die Butter unter.

4 Füllt die Hälfte des Teiges in die Backform und backt ihn 30-35 Minuten bei 180°C (Ober-/Unterhitze). Lasst den Boden etwas abkühlen, bevor ihr ihn aus der Form löst. Backt dann die zweite Hälfte des Teiges. Lasst die beiden Böden nach dem Backen gut abkühlen.

TIPP

Solltet ihr die Torte am Vortag zubereiten, empfehle ich euch, sie erst am nächsten Tag mit den Schokolinsen zu verzieren, weil diese im Kühlschrank verblassen können.

⭐ **5** In der Zwischenzeit könnt ihr die Buttercreme zubereiten. Dafür gebt ihr die weiche Butter in eine Rührschüssel und schlagt sie 1-2 Minuten lang schaumig. Siebt dann den Puderzucker nach und nach darüber. Zum Schluss reibt ihr etwas Zitronenschale einer unbehandelten Zitrone dazu und rührt die Creme ein letztes Mal gut durch.

⭐⭐ **6** Schneidet jeden Boden einmal waagerecht durch, sodass ihr insgesamt vier Biskuitböden erhaltet. Nehmt dann ein Glas mit einem Durchmesser von 8-10 cm und stecht aus der Mitte von zwei Böden je einen Kreis aus.

7 Platziert den ersten Boden (ohne Loch) auf der Tortenplatte, verstreicht etwas Buttercreme darauf und legt den zweiten Boden (mit Loch) darauf, gefolgt von einer weiteren Schicht Buttercreme und dem dritten Boden (mit Loch). Streicht die Buttercreme am inneren Rand des Lochs schön glatt.

⭐ **8** Füllt nun die Schokolinsen in das Loch.

⭐⭐ **9** Legt anschließend den letzten Boden (ohne Loch) oben drauf und verstreicht die restliche Buttercreme auf der gesamten Tortenoberfläche. Anschließend kommt die Torte für mind. 1 Stunde in den Kühlschrank, damit die Buttercreme schön fest wird.

⭐⭐ **10** Rollt die Fondant-Decke auf die passende Größe aus und legt sie faltenfrei über die Torte. Am besten messt ihr die Torte dafür vorher aus!

⭐⭐ **11** Rührt aus Puderzucker und Wasser etwas Zuckerguss an. Dieser sollte relativ fest sein. Füllt den Zuckerguss in einen Spritzbeutel mit kleiner Lochtülle oder in einen Gefrierbeutel, von dem ihr eine der unteren Ecken abschneidet. Verteilt mit dem Spritzbeutel Zuckerguss-Tupfer auf der gesamten Torte und platziert je eine Schokolinse darauf.

Notizen

_____
_____
_____
_____
_____
_____
_____
_____
_____
_____

☆ ☆ ☆ ☆ ☆

KARTOFFEL-MUMIEN

Sucht ihr noch ein leckeres und zugleich einfaches Rezept für Halloween oder die nächste Gruselparty? Dann versucht es mal mit den Kartoffel-Mumien! Passend dazu könnt ihr richtige Verbände als Tischdeko nutzen. Das macht richtig was her!

ZUTATEN

10 festkochende Kartoffeln (mittelgroß) ● 1 Prise Salz
20 Mini-Würstchen ● 10-15 schwarze Oliven ● 50 g geriebener Käse ● 2 Eigelb
120 g Crème fraîche ● ½ TL geriebene Muskatnuss

1 Gebt die Kartoffeln in einen großen Topf. Füllt diesen mit Wasser und einer Prise Salz und lasst die Kartoffeln 20-25 Minuten gar kochen. Lasst sie nach dem Kochen abkühlen oder gebt sie in eine Schüssel mit kaltem Wasser. Entfernt anschließend die Kartoffelschalen.

⭐ **2** Füllt die Mini-Würstchen in ein Sieb und lasst sie gut abtropfen. Schneidet die Oliven in gleichgroße und gleichdicke Scheiben.

3 Heizt den Backofen auf 180°C (Ober-/Unterhitze) vor und legt ein Backblech mit Backpapier aus.

⭐⭐ **4** Halbiert die gekochten Kartoffeln längs und höhlt sie vorsichtig mit einem kleinen Löffel aus. Gebt die Kartoffelreste in eine Schüssel und stellt sie beiseite. Begradigt die Unterseite der Kartoffelhälften mit einem scharfen Messer, damit sie schön gerade liegen.

⭐ **5** Stampft die Kartoffelreste klein. Gebt anschließend den Käse, die Eigelb, die Crème fraîche und etwas Muskatnuss dazu und verrührt alles miteinander.

⭐⭐ **6** Füllt die fertige Masse in einen Spritzbeutel mit Lochtülle oder einen Gefrierbeutel, von dem ihr eine der unteren Ecken abschneidet. Füllt die Kartoffeln zur Hälfte mit der Kartoffelcreme, platziert dann je ein Würstchen darin. Legt anschließend je zwei Olivenscheiben als Augen auf die Kartoffeln. Spritzt dann mit der Kartoffelcreme ein Zick-Zack-Muster auf die Mumien. Achtet dabei darauf, die Augen nicht zu verdecken.

Legt die fertigen Mumien auf das Backblech und schiebt sie für 20-25 Minuten bei 180°C (Ober-/Unterhitze) in den Backofen.

REZEPTE

FÜR DEN
WINTER

KARTOFFELSUPPE

"Mond und Sterne"

Die klassische Kartoffelsuppe nach Omas Rezept schmeckt allen von uns. Besonders viel Spaß macht es, sie zu löffeln, wenn die Kartoffeln darin eine außergewöhnliche Form haben. So lassen sich beispielsweise Monde und Sterne aus den Kartoffeln ausstechen. Dadurch wird aus der einfachen Suppe etwas ganz Besonderes und vielleicht sogar ein neues Lieblingsessen.

ZUTATEN

800 g Kartoffeln (festkochend) • 2-3 Karotten • 1 Zwiebel • 1 Stange Lauch
20 g Butter • 50 g Speckwürfel • 1 L Gemüsebrühe • 100 g Erbsen
100 g grüne Bohnen • ½ TL Majoran • ½ TL geriebene Muskatnuss
Salz und Pfeffer • 3-4 Würstchen • 1 Bund Petersilie

AUSSERDEM: Keksausstecher in den Formen Mond, Stern und Sternschnuppe

1 Schält die Kartoffeln, die Karotten und die Zwiebel. Schneidet die Karotten in Scheiben und die Zwiebel in kleine Stücke. Putzt den Lauch gründlich und schneidet ihn ebenfalls klein.

2 Schneidet aus den Kartoffeln etwa 1 cm dicke Scheiben. Stecht aus den Kartoffelscheiben Sterne, Monde und Sternschnuppen aus. Legt die Kartoffelreste beiseite.

3 Gebt die Butter zusammen mit den Zwiebeln und den Speckwürfeln in den Topf, bratet beides leicht an und löscht dann mit der Brühe ab. Gebt die fertigen KartoffelMotive zusammen mit den Karotten und dem Lauch in die Brühe und lasst alles 25 Minuten lang kochen. Rührt die Suppe dabei stets vorsichtig um, damit die Kartoffel-Motive nicht kaputt gehen!

4 Gebt die Erbsen und die Bohnen dazu und lasst die Suppe weitere 10 Minuten kochen. Würzt die Suppe mit etwas Majoran, Muskatnuss, Salz und Pfeffer. Schneidet die Würstchen in Scheiben und gebt sie ebenfalls mit in den Topf. Zum Schluss schneidet ihr die Petersilie klein und rührt sie in die Suppe.

TIPP

Aus den Kartoffelresten könnt ihr ein Kartoffelpüree zubereiten. Dieses kann auch noch später oder am nächsten Tag gegessen werden.

Notizen

_____

_____

_____

_____

_____

_____

☆ ☆ ☆ ☆ ☆

Biskuit-WEIHNACHTSBÄUMCHEN

Ein geschmückter Tannenbaum symbolisiert Weihnachten.
Und weil in der Vorweihnachtszeit besonders gern gebacken wird und es oft
viele schöne Veranstaltungen gibt, zu denen sich selbstgebackene Überraschungen
wunderbar mitbringen lassen, ist eine tolle Möglichkeit, die Symbolik der
Weihnachtsbäumchen mit einem leckeren Rezept zu verbinden.

ZUTATEN

FÜR DEN BISKUITTEIG: 3 Eiweiß ● 70 g Zucker ● 3 Eigelb
1 Pck. Vanillezucker ● 80 g Mehl ● 80 g gemahlene Mandeln

FÜR DIE VERZIERUNG: 300 g weiße Kuvertüre ● 300 g Kokosraspeln
Grüne Lebensmittelfarbe ● 12 Backoblaten ● 80 g Puderzucker ● 1–2 EL Wasser
½ TL Zitronensaft ● Zuckerschrift und Zuckerperlen

AUSSERDEM: Gefrierbeutel oder Spritzbeutel ● 2 Bogen Backpapier ● Bleistift ● Schere
12 Büroklammern aus Edelstahl ● Schablone (z.B. kleiner Teller, Schüssel oder Untertasse)
Ø 15–17 cm ● 12 kleine Tassen oder andere backfeste Gefäße ● Mehl

1 Heizt den Backofen auf 160°C (Umluft) vor.

2 Übertragt mit Schablone und Bleistift sechs Kreise auf jedes Backpapier, schneidet sie aus und schneidet jeden Kreis einmal bis zur Mitte ein. Rollt die Kreise zu kleinen Kegeln zusammen und fixiert sie mit einer Büroklammer. Füllt 12 kleine Tassen oder andere backfeste Gefäße mit Mehl und platziert darin die Kegel mit der Spitze nach unten.

3 Schlagt für den Teig das Eiweiß steif und gebt die Hälfte des Zuckers (35 g) dazu. Schlagt in einer extra Rührschüssel die 3 Eigelb zusammen mit dem Rest des Zuckers und dem Vanillezucker cremig. Hebt zuerst die erste Hälfte des Eischnees zusammen mit dem gesiebten Mehl und den Mandeln unter, zum Schluss den restlichen Eischnee.

4 Gebt den Teig in einen Spritzbeutel mit Spritztülle oder einen Gefrierbeutel, von dem ihr eine der unteren Ecken abschneidet, füllt ihn in die Kegel und backt sie für 10 Minuten bei 160°C (Umluft). Sobald sie etwas fest geworden sind, legt ihr die Kegel auf das Backblech und lasst sie 5–6 Minuten weiterbacken. Lasst sie gut abkühlen und löst sie dann aus dem Backpapier. Schneidet die Biskuitböden unten mit einem scharfen Messer ab, sodass eure Weihnachtsbäumchen gerade stehen.

5 Brecht die Kuvertüre in Stücke und schmelzt sie in einem Wasserbad oder in der Mikrowelle.

6 Gebt die Kokosraspeln zusammen mit der Lebensmittelfarbe in einen Mixer, bis sich die grüne Farbe gut verteilt hat. Bestreicht die Bäumchen mit der Kuvertüre und wälzt sie anschließend in den grün gefärbten Kokosraspeln. Bestreicht den Boden der Bäumchen mit etwas Kuvertüre und klebt jeweils eine Backoblate darunter.

7 Rührt aus dem Puderzucker, etwas Wasser und einem Spritzer Zitronensaft einen zähflüssigen Zuckerguss an. Gebt ihn mit einem Löffel auf die Spitze der Weihnachtsbäumchen und lasst ihn leicht zu allen Seiten herunterlaufen. Zum Schluss verziert ihr eure Weihnachtsbäumchen nach eigenen Wünschen und Vorstellungen mit Zuckerschrift und bunten Zuckerperlen.

TIPP

Sollte das Färben nicht auf
Anhieb funktionieren, könnt
ihr die Lebensmittelfarbe mit
etwas Wasser verdünnen und
es anschließend noch einmal
versuchen.

Notizen

Notizen

_____

_____

_____

_____

_____

_____

_____

_____

_____

☆ ☆ ☆ ☆ ☆

Karotten-Paprika-
KNUSPERSTANGEN

Eltern wünschen sich gesunde Zwischensnacks für ihre Kinder. Umso besser, wenn es hierfür das eine oder andere einfache Rezept gibt. Dieses hier zählt definitiv dazu, denn die leckeren Knusperstangen sind schnell zubereitet, enthalten gesundes Gemüse und lassen sich auch wunderbar mitnehmen und unterwegs essen.

ZUTATEN

FÜR DEN HEFETEIG: 300 ml lauwarmes Wasser ◦ 2 EL Olivenöl ◦ 20 g frische Hefe
1 TL Salz ◦ 500 g Mehl

FÜR DIE FÜLLUNG: 150 g Paprika ◦ 300 g Karotten **AUSSERDEM:** 1 Eigelb

1 Zunächst bereitet ihr den Hefeteig zu. Dafür gebt ihr das lauwarme Wasser und das Olivenöl in eine Schüssel und löst die Hefe und das Salz darin auf. Anschließend fügt ihr das Mehl hinzu und verknetet alles zu einem glatten Teig. Gebt den Hefeteig in eine saubere Schüssel, deckt ihn ab und lasst ihn für 60 Minuten an einem warmen Ort ruhen.

2 Wascht die Paprika gründlich ab. Halbiert und entkernt sie und reibt sie mithilfe einer Reibe fein. Schält anschließend die Karotten und reibt sie ebenfalls fein.

3 Heizt den Backofen auf 220°C (Umluft) vor und legt ein Backblech mit Bachpapier aus.

4 Knetet den Teig noch einmal gut durch, rollt ihn anschließend auf einem Backpapier aus, sodass eine möglichst quadratische Form entsteht.

5 Verquirlt das Eigelb. Bestreicht den ausgerollten Hefeteig damit und verteilt nun die Paprika und die Karotten darauf.

6 Klappt den Teig in der Hälfte zusammen und schneidet ca. 2 cm breite Streifen daraus. Dreht aus den Streifen kleine Twister, indem ihr sie an beiden Enden anfasst und sie in die jeweils entgegengesetzte Richtung verdreht.

7 Legt die Knusperstangen auf das Backblech und backt sie 10–12 Minuten bei 220°C (Umluft). Serviert die fertigen Knusperstangen mit frischer Paprika und Karotte.

DÄNISCHER MILCHREIS
mit versteckter Mandel

Als Kind war ich jedes Jahr in Dänemark und habe dabei einige dänische Traditionen kennengelernt. Eine davon ist das "Risalamande", das in Dänemark traditionell zu Weihnachten gegessen wird. Dieses ganz besondere Dessert eignet sich aber auch gut für Silvester. Die Idee dahinter: In dem Milchreis versteckt sich eine ganze Mandel. Wer sie findet, bekommt ein kleines Geschenk.

ZUTATEN

1 l Milch ● 1 Pck. Tonka-Zucker mit echter Vanille ● 250 g Milchreis
70 g Zucker ● 250 ml Schlagsahne ● 1 Pck. Sahnesteif
80 g gehackte Mandeln ● 1 ganze Mandel

1 Gebt die Milch in einen Topf und kocht sie unter ständigem Rühren auf. Nehmt den Topf anschließend vom Herd.

2 Gebt den Tonka-Zucker und den Milchreis dazu und rührt alles zusammen gut durch. Lasst das Ganze anschließend 30-40 Minuten bei geschlossenem Topf köcheln. Achtet dabei darauf, den Milchreis zwischendurch immer wieder gut umzurühren.

3 Sobald der Milchreis fertiggekocht ist, gebt ihr den Zucker hinzu, rührt ihn gut unter und lasst das Ganze anschließend abkühlen.

4 Nun gebt ihr die Sahne zusammen mit dem Sahnesteif in einen Rührbecher und schlagt sie steif. Anschließend hebt ihr diese zusammen mit den gehackten Mandeln und der ganzen Mandel unter den Milchreis.

5 Serviert den Milchreis bei Bedarf mit etwas Zimt und Zucker. Beim gemeinsamen Essen wird es spannend: Wer findet die versteckte Mandel und erhält das Überraschungsgeschenk?

TiPP

Wer kleine Kinder hat und Enttäuschungen vermeiden möchte, kann den Milchreis direkt in kleinen Dessertschalen servieren und in jeder Schüssel eine ganze Mandel verstecken. So erhält am Ende jedes Kind eine kleine Überraschung.

Notizen

LEBKUCHENMÄNNER

und Lebkuchenherzen

Der Duft von Lebkuchengewürzen und der Geschmack von frischen Lebkuchen gehört einfach zur Weihnachtszeit dazu. Lebkuchenmänner sind dabei echte Klassiker und Lebkuchenherzen begegnen uns auf jedem Weihnachtsmarkt. Beides kann man auch selbst backen und anschließend nach Herzenslust verzieren und beschriften.

Notizen

ZUTATEN

FÜR DEN LEBKUCHENTEIG:

125 g Butter ◦ 250 g flüssiger Honig
100 g brauner Zucker ◦ 500 g Mehl ◦ 2 EL Kakaopulver
1 ½ EL Lebkuchengewürz ◦ 2 TL Backpulver ◦ 1 Ei

FÜR DIE SPRITZGLASUR:

600 g Puderzucker ◦ 2 Eiweiß ◦ Etwas Zitronensaft
Lebensmittelfarbe (rot, grün, gelb)

AUSSERDEM:

Ausstechformen Lebkuchenmann (ca. 30 cm) und Lebkuchenherz (ca. 10 x 12 cm)
Spritzbeutel mit Loch- und Sterntüllen ◦ Schokolinsen ◦ Sternchenstreusel

1 Gebt die Butter zusammen mit dem Honig und dem braunen Zucker in einen Topf und erhitzt das Ganze auf niedriger Stufe und unter ständigem Rühren. Sobald sich der Zucker aufgelöst hat, nehmt ihr den Topf vom Herd und lasst die Masse gut abkühlen.

2 Gebt das Mehl, das Kakaopulver, das Lebkuchengewürz und das Backpulver in eine Rührschüssel und vermischt es. Gebt anschließend die Zuckermasse und das Ei dazu und verknetet alles zu einem glatten Teig. Formt eine Kugel daraus, umwickelt diese mit Frischhaltefolie und legt sie für 60-90 Minuten in den Kühlschrank.

3 Knetet den Teig anschließend noch einmal gut durch. Streut dann etwas Mehl auf die Arbeitsfläche und rollt den Teig ca. 1 cm dick aus.

4 Heizt den Backofen auf 160°C (Umluft) vor und legt ein Backblech mit Backpapier aus.

5 Stecht mit den Formen Lebkuchenmänner und Lebkuchenherzen aus dem Teig aus und legt sie auf das Backblech. Backt diese für 15-20 Minuten bei 160°C (Umluft). Lasst sie nach dem Backen gut abkühlen.

6 Bereitet aus dem Puderzucker, dem Eiweiß und 2-3 Spritzern Zitronensaft die Glasur zu, unterteilt sie dann in vier Portionen. Eine Glasur lasst ihr weiß, die anderen drei färbt ihr mit den Lebensmittelfarben ein.

7 Füllt die Glasuren in Spritzbeutel. Verwendet beim Verzieren für einfache Linien und Schrift eine mittelgroße bis kleine Lochtülle, für die Umrandung auf den Lebkuchenherzen braucht ihr eine Sterntülle. Verziert die Lebkuchenmänner und die Lebkuchenherzen nach euren eigenen Wünschen und Vorstellungen. Verwendet Schokolinsen für die Knopfleisten der Lebkuchenmänner und Sternchenstreusel für weihnachtliche Details auf den Lebkuchenherzen.

Notizen

_____
_____
_____
_____
_____
_____
_____
_____
_____
_____
_____

☆ ☆ ☆ ☆ ☆

Hackbraten-
BLÄTTERTEIG-SCHLANGE

Das Auge isst bekanntlich mit. Auch beim klassischen Hackbraten, der mit wenig Mehraufwand, etwas Blätterteig und ein paar Kniffen in eine köstliche Schlange verwandelt werden kann. Eure Kinder werden sie lieben!

ZUTATEN

FÜR DIE FÜLLUNG: 1 Brötchen vom Vortag ● 1 Zwiebel
1 Bund Petersilie ● 50 g Gouda ● 500 g Rinderhack ● 80 g Frischkäse
Tomatenmark ● 1 Ei ● Salz und Pfeffer ● Öl zum Anbraten
AUSSERDEM: 1 Pck. Blätterteig aus dem Tiefkühlfach ● 1 Ei
1-2 EL Sahne ● 1 Haselnuss ● 1 rote Peperoni

1 Heizt den Backofen auf 180°C (Umluft) vor und legt ein Backblech mit Backpapier aus.

★★ **2** Weicht zuerst das Brötchen in lauwarmem Wasser auf. Schält die Zwiebel, hackt sie klein und schwitzt sie in etwas Öl glasig an. Wascht die Petersilie, schüttelt sie trocken und hackt sie ebenfalls klein. Reibt den Gouda klein.

★ **3** Nehmt das Brötchen aus dem Wasser, drückt es etwas aus und rupft es anschließend in kleine Stücke. Gebt alle Zutaten für die Füllung in eine Schüssel und verknetet alles gut miteinander.

★★ **4** Breitet den Blätterteig aus und legt ein weiteres Backpapier daneben. Halbiert den Blätterteig der Länge nach und legt beide Blätterteig-Rechtecke aneinander, sodass ihr einen langen Blätterteigstreifen habt. Verteilt in der Mitte darauf die Hackfleischmasse so, dass der Blätterteig die Füllung noch gut umschließen kann. Umhüllt die Hackfleischfüllung von beiden Seiten mit dem Blätterteig. Die Enden des Blätterteigs sollten sich dabei leicht überlappen.

5 Legt das Ganze nun in Form einer sich kringelnden Schlange auf das Backblech. Achtet darauf, dass die Blätterteig-Naht dabei nach unten zeigt. Den Kopf müsst ihr dabei etwas runder und breiter als den restlichen Körper formen.

★ **6** Für die Schuppen nehmt ihr eine Schere, haltet sie leicht schräg und schneidet mit der Scherenspitze kleine Zacken in den Schlangenrücken, immer leicht versetzt zueinander.

★ **7** Verquirlt ein Ei mit 1-2 EL Sahne und bestreicht die Schlange damit.

Halbiert einen Haselnusskern und legt ihn als Augen auf ihr Gesicht. Gebt die Schlange für ca. 40 Minuten bei 180°C (Umluft) in den vorgeheizten Backofen. Behaltet sie dabei gut im Blick. Sobald sie von außen goldbraun wird, ist sie fertig. Bei Bedarf schneidet ihr sie an einer unauffälligen Stelle vorsichtig an und prüft, ob das Hackfleisch durch ist.

★★ **8** Zum Schluss schneidet ihr aus der Peperoni eine gespaltene Schlangenzunge und steckt diese in den Schlangenkopf.

WECKMÄNNER
aus Quarkteig

Ein traditionelles Essen am Martinstag ist der Weckmann, auch Stutenkerl, Printenmann oder Piepenkerl genannt. Der Weckmann soll einen Bischof darstellen, die heutige Tonpfeife war ursprünglich der Bischofsstab. Weckmänner sind vor allem bei Kindern beliebt, denn sie sehen freundlich aus und es macht Spaß, sie herzustellen. Der Quarkteig verleiht dem Weckmann einen süßlichen Geschmack. Das macht ihn besonders lecker.

ZUTATEN

FÜR DEN TEIG: 450 g Mehl ◦ 1 Pck. Backpulver ◦ 120 g Zucker ◦ 125 g Quark 170 ml lauwarme Milch ◦ 170 ml Öl ◦ 2 Pck. Vanillezucker ◦ 1 Prise Salz

FÜR DIE VERZIERUNG: Rosinen ◦ Ggf. Hagelzucker

AUSSERDEM: Weckmann Ausstechform ◦ Tonpfeifen

★ **1** Für den Quarkteig gebt ihr zunächst das Mehl zusammen mit dem Backpulver in eine Rührschüssel und vermischt beides gut miteinander. Anschließend kommen alle weiteren Zutaten hinzu. Verknetet alles zu einem geschmeidigen Teig. Das funktioniert am besten, indem ihr erst die Knethaken eures Mixers nutzt, anschließend eure Hände. Formt den Teig zu einer Kugel, schlagt ihn in Frischhaltefolie ein und lasst ihn für 1 Stunde im Kühlschrank ruhen.

★ **2** Gebt etwas Mehl auf die Arbeitsfläche und in eure Hände. Knetet den Teig dann noch einmal gut durch, bevor ihr ihn anschließend ausrollt.

3 Heizt den Backofen auf 180°C (Umluft) vor und legt ein Backblech mit Backpapier aus.

★ **4** Stecht die Weckmänner mit der Form aus dem Teig aus und legt sie auf das Backblech. Platziert nun die Tonpfeife in der Armbeuge eines jeden Weckmannes. Drückt Rosinen als Augen, Mund und Knopfleiste in den Teig. Streut bei Bedarf noch etwas Hagelzucker über den Weckmannkörper. Backt die Weckmänner 10-15 Minuten bei 180°C (Umluft).

TiPP

Aus dem Teig lassen sich auch Martinsgänse herstellen. Entweder mit passender Ausstechform oder per Hand geformt. Für die Martinsgänse benutzt ihr Rosinen als Augen und Hagelzucker zum Verzieren.

Notizen

_____

_____

_____

_____

_____

_____

_____

_____

_____

☆ ☆ ☆ ☆ ☆

Notizen

_____

_____

_____

_____

_____

_____

☆ ☆ ☆ ☆ ☆

Geschnetzeltes an
SCHNEEMANN-REIS

Ein klassisches Gericht lässt sich mit nur wenigen Kniffen in ein unvergessliches Essen verwandeln. Geschnetzeltes an Reis kennen wir alle. Doch wird der Reis als kleiner Schneemann angerichtet, macht das Essen gleich doppelt so viel Spaß!

ZUTATEN

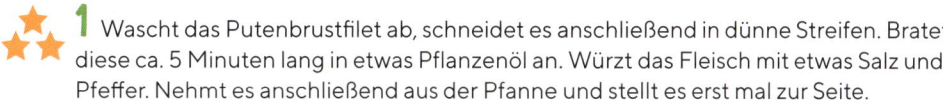

500 g Putenbrustfilet ● 1 EL Pflanzenöl ● Salz und Pfeffer ● 250 g Reis
4-5 Karotten ● 300 g TK-Erbsen ● 1 EL Butter ● 1 EL Mehl ● 300 ml klare
Brühe ● 200 ml Sahne ● 2 TL Paprikapulver ● 1 TL Currypulver ● ½ TL Salz

1 Wascht das Putenbrustfilet ab, schneidet es anschließend in dünne Streifen. Bratet diese ca. 5 Minuten lang in etwas Pflanzenöl an. Würzt das Fleisch mit etwas Salz und Pfeffer. Nehmt es anschließend aus der Pfanne und stellt es erst mal zur Seite.

2 Kocht den Reis mit einer Prise Salz in einem Kochtopf.

3 Schält die Karotten, halbiert sie und schneidet sie in Streifen. Kocht die Karotten gar und gebt zum Schluss die Erbsen für 1-2 Minuten dazu.

4 Schmelzt die Butter in der Pfanne, rührt das Mehl ein und lasst das Ganze kurz anschwitzen. Gebt dann die Brühe und die Sahne dazu und lasst es kurz aufkochen. Schmeckt die Soße mit Salz, Pfeffer, Paprikapulver und Currypulver ab. Gebt anschließend das Fleisch zurück in die Pfanne und haltet das Ganze warm.

5 Formt aus dem Reis mithilfe einer kleinen Schüssel einen Schneemann aus drei Reis-Halbkugeln. Verziert ihn mit Karotten und Erbsen. Richtet das restliche Gemüse zusammen mit dem Geschnetzelten neben dem Schneemann an.

TIPP

Bewahrt die fertigen Peppermint Patties bis zum Verzehr im Kühlschrank auf. So bleiben sie besonders lecker.

Notizen

Weihnachtliche PEPPERMINT PATTIES

Die Kombination aus Pfefferminze und Schokolade ist einfach köstlich! Und wer glaubt, Pralinen dieser Art gibt es nur im Supermarkt, der irrt sich, denn sie lassen sich auch mit wenigen Zutaten selbst herstellen. Dabei könnt ihr selbst bestimmen, wie eure Pfefferminz-Pralinen von innen aussehen. Zu Weihnachten eignet sich eine Farb-kombination aus rot-weiß-grün besonders gut. Aufgrund ihres bunten Innenlebens sorgen die Pralinen beim Probieren für einen echten Überraschungseffekt!

ZUTATEN

FÜR DIE PEPPERMINT PATTIES: 500 g Puderzucker • 50 g weiche Butter 50 ml Sahne • 2-3 Tropfen Vanillearoma • 4-5 Tropfen reines Pfefferminzöl Lebensmittelfarbe (rot, grün)

FÜR DIE VERZIERUNG: 300 g Zartbitter-Kuvertüre • 80 g weiße Kuvertüre Streusel (rot, weiß, grün)

1 Gebt alle Zutaten für die Peppermint Patties in eine Schüssel. Dosiert das Pfefferminzöl und das Vanillearoma dabei vorsichtig. Ihr braucht nur wenige Tropfen. Verknetet die Zutaten mit euren Händen. Sollte der Teig noch sehr kleben, gebt ihr einfach etwas mehr Puderzucker dazu. Unterteilt die Masse anschließend in drei gleichgroße Portionen.

2 Zieht euch am besten Einweg- oder Küchen-handschuhe an und knetet in eine der Portionen rote, in eine andere grüne Lebensmittelfarbe ein. Dafür braucht ihr etwas Geduld. Formt alle Portionen zu Kugeln, umwickelt sie mit Frischhaltefolie und legt sie für 30 Minuten in den Kühlschrank.

3 Rollt die einzelnen Farben zwischen zwei Back-papieren aus. Achtet dabei darauf, dass ihr sie in gleicher Größe ausrollt. Stapelt die drei Farben nun aufeinander und rollt sie vorsichtig zu einer Rolle zusammen. Legt diese anschließend für weitere 30 Minuten in den Kühlschrank.

4 Schneidet mit einem scharfen Messer gleich-große Scheiben von der Rolle ab, legt diese auf einen Teller oder etwas Backpapier und platziert sie anschließend wieder im Kühlschrank.

5 Schmelzt die Zartbitter-Kuvertüre in einem Wasserbad oder in der Mikrowelle. Gebt die bunten Patties anschließend auf eine Gabel und tunkt sie in die flüssige Kuvertüre. Platziert sie zum Festwerden auf einem Backpapier.

6 Sobald die Zartbitter-Kuvertüre fest geworden ist, schmelzt ihr die weiße Kuvertüre und verziert damit die Peppermint Patties. Das funktioniert am besten mit einem Löffel, von dem ihr die weiße Kuvertüre fließen lasst und den Löffel dabei über den Patties hin und her bewegt.

7 Zum Schluss verziert ihr die Patties mit farblich passenden Streuseln.

Notizen

_____

_____

_____

_____

_____

_____

☆ ☆ ☆ ☆ ☆

TIPP

Wollt ihr mehrfarbige Plätzchen, dann solltet ihr die erste Zuckergussschicht gut durchtrocknen lassen. Anschließend könnt ihr mit der zweiten Farbe auf der ersten Schicht malen.

Bunte WEIHNACHTSPLÄTZCHEN

In der Weihnachtszeit dürfen bunte Plätzchen auf keinen Fall fehlen. Es macht so viel Spaß, mit Kindern zu backen und dabei zu beobachten, wie ihre Augen leuchten, wie sie etwas vom Keksteig naschen und ihrer Fantasie beim Ausstechen freien Lauf lassen.

ZUTATEN

FÜR DEN TEIG: 500 g Mehl ◦ 2 TL Backpulver ◦ 200 g Zucker ◦ 2 Pck. Vanillezucker 2 Eier ◦ 250 g weiche Butter

FÜR DIE VERZIERUNG: Puderzucker ◦ Wasser ◦ Zitronensaft Lebensmittelfarben ◦ Bunte Streusel und Zuckerperlen

AUSSERDEM: Spritzbeutel mit Garniertüllen oder Gefrierbeutel

⭐ **1** Vermischt das Mehl und das Backpulver in einer Rührschüssel, gebt dann den Zucker, den Vanillezucker, die Eier und zum Schluss die weiche Butter dazu. Verarbeitet alles zu einem geschmeidigen Teig. Nutzt dazu zuerst einen Mixer mit Knethaken, anschließend eure Hände. Formt den Teig zu einer Kugel, umwickelt ihn mit Frischhaltefolie und lasst ihn für 2 Stunden im Kühlschrank ruhen.

⭐⭐ **2** Gebt etwas Mehl auf die Arbeitsfläche und rollt den Teig aus. Achtet darauf, dass ihr ihn nicht zu dünn und nicht zu dick ausrollt.

⭐ **3** Stecht eure weihnachtlichen Wunschmotive nach Herzenslust aus und platziert sie auf einem mit Backpapier ausgelegten Backblech. Backt die Plätzchen für 10-12 Minuten bei 180°C (Umluft) und lasst sie gut abkühlen.

⭐⭐ **4** Rührt den Zuckerguss aus Puderzucker, Wasser, einem Spritzer Zitronensaft und verschiedenen Lebensmittelfarben an. Der fertige Zuckerguss hat eine relativ feste, nur noch leicht fließende Konsistenz. Füllt die fertigen bunten Zuckergüsse in Spritzbeutel. Alternativ könnt ihr Gefrierbeutel nehmen, von denen ihr jeweils eine der unteren Ecken abschneidet. Zeichnet mit dem Zuckerguss zunächst die Umrisslinien auf die Plätzchen, lasst diese kurz trocknen und füllt dann die Mitte mit weiterem Zuckerguss aus.

⭐ **5** Verziert eure Plätzchen nach Belieben mit bunten Streuseln und Zuckerperlen. Lasst die fertig verzierten Plätzchen trocknen, bevor ihr sie übereinanderstapelt oder in eine Keksdose füllt.

PESTO-WEIHNACHTSBAUM

Ein Weihnachtsbaum zum Aufessen – das klingt erst mal verrückt, dann aber doch ziemlich lecker. Denn aus einem einfachen Hefeteig und frischem Basilikum-Pesto lässt sich im Handumdrehen ein hübsches Weihnachts-bäumchen zubereiten. Das Rezept eignet sich ganz wunderbar, um sich auf Weihnachten einzustimmen oder als Bestandteil des Festtagsbuffets.

ZUTATEN

FÜR DEN HEFETEIG: 450 ml lauwarmes Wasser ⚬ 3 EL Olivenöl
30 g frische Hefe ⚬ 1 ½ TL Salz ⚬ 750 g Mehl
FÜR DAS BASILIKUM-PESTO: 30 g Pinienkerne ⚬ 50 g Basilikumblätter
50 g frisch geriebener Parmesan ⚬ 1 Knoblauchzehe ⚬ 100 ml Olivenöl ⚬ ½ TL Salz
AUSSERDEM: Rote und gelbe Kirschtomaten

1 Zunächst bereitet ihr den Hefeteig zu. Dafür gebt ihr das lauwarme Wasser und das Olivenöl in eine Schüssel und löst die Hefe und das Salz darin auf. Anschließend fügt ihr das Mehl hinzu und verknetet alles zu einem glatten Teig. Gebt den Hefeteig in eine saubere Schüssel, deckt ihn ab und lasst ihn für 30-60 Minuten an einem warmen Ort ruhen.

2 In der Zwischenzeit bereitet ihr das Basilikum-Pesto zu. Dafür gebt ihr die Pinienkerne bei mittlerer Hitze in eine Pfanne und röstet sie an, bis sie leicht gebräunt sind. Wascht die Basilikumblätter ab, lasst sie gut abtropfen und entfernt die Stiele. Reibt den Parmesan in eine Schüssel und schneidet den Knoblauch klein.

3 Anschließend gebt ihr alle Zutaten für das Pesto in einen Mörser und stampft es so lange mit dem Stößel klein, bis das Pesto in Verbindung mit dem Olivenöl eine cremig-flüssige Konsistenz bekommen hat.

4 Heizt den Backofen auf 180°C (Ober-/Unterhitze) vor.

5 Knetet den Hefeteig ein weiteres Mal gut durch. Halbiert ihn anschließend und rollt beide Teile auf die Größe eures Backblechs aus. Begradigt die Ränder mit einem scharfen Messer. Legt das Back-blech mit Backpapier aus und platziert das erste Teig-Rechteck darauf.

6 Verteilt das Pesto gleichmäßig auf dem Hefeteig und platziert anschließend das zweite Teig-Rechteck darauf.

7 Schneidet ein Tannenbaum-Motiv in den Teig. Markiert dann den Stamm von oben bis unten, indem ihr den Teig leicht anschneidet. Als nächstes schneidet ihr die Tannenbaum-Äste in den Teig. Achtet darauf, dass sie schön gleichmäßig werden. Verdreht die Teigstränge der Äste mit euren Händen und drückt die Enden dabei gut fest.

8 Aus dem übrigen Teig um den Tannenbaum herum könnt ihr weihnachtliche Motive aus-stechen. Backt den Pesto-Weihnachtsbaum für 25-30 Minuten bei 180°C (Ober-/Unterhitze). Lasst ihn nach dem Backen gut abkühlen.

9 Die roten und gelbe Kirschtomaten stellen die Christbaumkugeln dar. Halbiert sie und verziert den Pesto-Weihnachtsbaum mit ihnen.

☆ ☆ ☆ ☆ ☆

SPEKULATIUS-DESSERT
mit Mandarinen

Ein festliches Essen ist für mich erst dann vollkommen, wenn nach der Hauptspeise ein leckeres Dessert folgt. Die Spekulatius-Mandarinen-Creme ist eines unserer liebsten Desserts in der Weihnachtszeit. Sie schmeckt nach weihnachtlichen Gewürzen, ist aber auch cremig und fruchtig.

ZUTATEN

10 Spekulatius ● 1 Dose kleine Mandarinen ● 300 g Quark ● 3 EL Milch ● 80 g Zucker
1 Pck. Tonka-Zucker mit echter Vanille ● 300 ml Sahne ● 1 Pck. Sahnesteif

⭐ **1** Füllt die Spekulatius in einen Gefrierbeutel, verschließt ihn gut und stampft die Kekse darin so lange, bis eine bröselige Masse entstanden ist.

⭐ **2** Gießt die Mandarinen aus der Dose in ein Sieb und lasst sie gut abtropfen.

⭐ **3** Gebt den Quark zusammen mit der Milch, dem Zucker und dem Tonka-Zucker in eine Schüssel und verrührt alles gut miteinander.

⭐⭐ **4** Füllt die Sahne zusammen mit dem Sahnesteif in einen Rührbecher und schlagt sie steif. Hebt die Sahne anschließend unter die gesüßte Quarkmasse.

⭐⭐ **5** Nun füllt ihr die verschiedenen Schichten abwechselnd in kleine Dessertgläser. Fangt mit einer Schicht Mandarinen an, gefolgt von einer Quark-Sahne-Schicht, dann eine Schicht Spekulatius-Brösel, dann wieder eine Schicht Quark-Sahne-Creme. Je nachdem wie hoch euer Glas ist, könnt ihr individuell über die Anzahl der Schichten entscheiden. Die letzte Schicht sollte allerdings wieder aus der Quark-Sahne-Creme bestehen.

⭐ **6** Garniert die fertigen Desserts mit den übrig gebliebenen Mandarinen und Spekulatius-Bröseln.

Notizen

_____
_____
_____
_____
_____
_____
_____
_____
_____
_____

BRATAPFEL
im Nussmantel an Lebkuchensoße

Ich kann mich noch genau daran erinnern, wie ich als Kind meinen ersten Bratapfel gegessen habe. Er schmeckte so köstlich! In meinem Lieblingsrezept werden die Äpfel mit Nüssen umhüllt und an cremiger Lebkuchensoße serviert. Ein Bratapfel ist das perfekte Dessert für die Weihnachtszeit. Und eines verspreche ich euch: Beim Zubereiten duftet es im ganzen Haus!

ZUTATEN

FÜR DIE BRATÄPFEL: 5 Äpfel (säuerlich, z.B. Boskop) ⚫ 80 g Butter
80 g Zucker ⚫ 150 g Marzipan ⚫ 120 g gemahlene Haselnüsse ⚫ ½ TL Zimt

FÜR DIE LEBKUCHENSOSSE: 400 ml Milch ⚫ 250 ml Sahne ⚫ 50 g Zucker
1–2 TL Lebkuchengewürz ⚫ 2 Eigelb ⚫ 25 g Stärke

1 Heizt den Backofen auf 180°C (Ober-/Unterhitze) vor und legt ein Backblech mit Backpapier aus.

⭐⭐ **2** Schält und entkernt die Äpfel. Achtet dabei darauf, etwas mehr als nur das Kerngehäuse zu entfernen, damit ihr später genug Platz für die Füllung habt.

⭐ **3** Gebt die gemahlenen Haselnüsse zusammen mit dem Zucker und dem Zimt in eine Schüssel und vermischt alles gut miteinander.

⭐⭐ **4** Schmelzt die Butter in einem warmen Topf oder in der Mikrowelle und bestreicht die Äpfel damit. Benutzt dafür am besten einen Backpinsel. Wälzt die bestrichenen Äpfel anschließend in der Nussmischung und platziert sie auf dem Backblech.

⭐ **5** Gebt das Marzipan in die übrig gebliebene Nussmischung und verknetet alles gut miteinander. Formt anschließend kleine Rollen daraus und steckt diese in die Mitte der Äpfel. Schiebt das Backblech mit den Bratäpfeln für 35–40 Minuten bei 180°C (Ober-/Unterhitze) in den Backofen.

⭐⭐ **6** In der Zwischenzeit könnt ihr die Lebkuchensoße zubereiten. Gebt dafür alle Zutaten bis auf die Stärke in einen Kochtopf und erwärmt alles bei mittlerer Hitze und unter ständigem Rühren für 5–6 Minuten. Rührt die Speisestärke in etwas kaltem Wasser an, bevor ihr sie zu den restlichen Zutaten in den Kochtopf gebt.

7 Füllt die fertige Lebkuchensoße in ein Kännchen und stellt sie bis zum Servieren der Bratäpfel in den Kühlschrank. Richtet die fertigen Äpfel anschließend an der kalten Lebkuchensoße an.

Unser
LIEBLINGSREZEPT

Unser LIEBLINGSREZEPT

Unser LIEBLINGSREZEPT

Unser LIEBLINGSREZEPT

BUCHEMPFEHLUNGEN FÜR DICH

Willst Du mal etwas Neues ausprobieren?

ISBN 978-3-7724-7801-7

ISBN 978-3-7724-7954-0

ISBN 978-3-7724-7653-2

ISBN 978-3-7724-7836-9

ISBN 978-3-7724-7844-4

ISBN 978-3-7724-7845-1

ISBN 978-3-7724-7729-4

ISBN 978-3-7724-8430-8

ISBN 978-3-7724-8423-0

Noch mehr Kreativ-Bücher findest Du auf www.TOPP-kreativ.de

KENNT IHR SCHON MEIN ERSTES BUCH?

ISBN 978-3-7724-7829-1

Hier findet ihr die kreativsten Spiel- und Spaßideen für die ganze Familie. Alle Ideen sind mit nur ganz wenig Material und Aufwand umzusetzen und lassen sich ohne große Vorbereitung spontan im Familienalltag integrieren. Denn Zeit mit der Familie ist wertvoll, unbezahlbar und leider auch endlich. Ob Geisterbahn im Kinderzimmer, kleine Eisbar in der Küche, Zeitkapsel, Piratennachmittag oder ein selbst gebasteltes Familienalbum – es gibt viele Ideen für ein oder mehrere Kinder, die sich mit Mama, Papa oder den Großeltern umsetzen lassen. Einige Ideen eigenen sich außerdem auch hervorragend für den Kindergeburtstag.

Noch mehr kreative Bücher zum gleichen Thema gesucht?

ISBN 978-3-7724-7728-7

ISBN 978-3-7724-8059-1

ISBN 978-3-7724 7499-6

IMMER INFORMIERT, IMMER INSPIRIERT – DIE GANZE WELT VON TOPP AUCH IM NETZ

WEBSEITE

Die neuesten Trends, die schönsten Kreativbücher und die aktuellsten Informationen auf unserer Webseite

Schau mal vorbei und stöbere Sie in unserem riesigen Angebot von mehr als 1000 Kreativbüchern, Sets und mehr:

www.TOPP-kreativ.de

DIGITALE BIBLIOTHEK

Tutorial-Videos, Plotter-Dateien, Vorlagen zum Ausdrucken, Übungsblätter etc.

Zu vielen TOPP-Büchern gibt es digitale Extras. Schau im Impressum nach (die letzte Seite des Buches): Wenn dort ein Freischaltcode abgedruckt ist, dann besuche die Digitale Bibliothek auf unserer Webseite, registriere Dich einmalig undschalten Sie Ihre Zusatzmaterialien frei:

www.TOPP-kreativ.de/DigiBib

INSTAGRAM

Live dabei mit ständig aktuellen News aus dem frechverlag.

Willst Du wissen, was bei uns gerade passiert und woran wir arbeiten? Dann folge uns auf Instagram. Möchtest Du uns an Deinen Kreativprojekten teilhaben lassen?Dann poste doch gleich ein Foto mit dem Hashtag **#frechverlag** und wir stellen Dein Werk gerne der Community vor:

www.Instagram.com/frechverlag

NEWSLETTER

Bunt, überraschend und immer aktuell – immer auf dem Laufenden mit unserem Newsletter

Noch heute anmelden und regelmäßig Informationen, Tipps und Neuheiten erhalten:

www.TOPP-kreativ.de/Newsletter

FACEBOOK

Werde Teil unserer Communitys Mitstrickzentrale fürs Handarbeiten und Bastelzentrale für die Themen Basteln, Bauen, Dekorieren & DIY. Du findest uns unter:

www.facebook.com/Mitstrickzentrale
www.facebook.com/Bastelzentrale

PINTEREST

Neue Bücher, neue Ideen und die Menschen, die sie machen

Du bist auf der Jagd nach den neuesten Ideen und aktuellen Trends im DIY-Bereich? All das gibt es auf den Pinnwänden des frechverlags unter:

www.Pinterest.com/frechverlag

YOUTUBE

Ein Video sagt oft mehr als tausend Worte

Du möchtest neue Techniken ausprobieren, Autoren kennenlernen oder einmal hinter die Kulissen unserer Buchproduktionen schauen? Dann abonniere den Kanal des frechverlags unter:

www.YouTube.com/Frechverlag

WER WIR SIND, WIE WIR ARBEITEN, WAS WIR LIEBEN ...

Folge uns auf Instagram, Facebook und Pinterest, um mehr über uns und unsere Arbeit zu erfahren und immer mit den neuesten Informationen versorgt zu sein.

• Alle News, alle Infos und alle Links findest Du auf www.TOPP-kreativ.de •

Marisa Hart (32) ist Autorin und deutsche Erfolgsbloggerin. Seit über sieben Jahren schreibt sie auf ihrem Familienblog „Baby, Kind & Meer" über das Elternsein, das Leben als Familie und das Reisen, teilt Rezepte, Bastelanleitungen und Geschenkideen mit ihrer Community. Zusammen mit ihrem Mann Michael, ihren beiden Töchtern Lillian und Charlotte und Sohn Tom lebt sie an der wunderschönen Ostsee und nimmt ihre Leser von dort aus regelmäßig zu idyllischen Strandausflügen mit. Dank ihrem Blog kann sie ihre Leidenschaft für das Schreiben und die Fotografie sowie ihr kreatives Faible mit ihrem Beruf vereinen und auf diese Weise Familie und Karriere miteinander verbinden.

Danke!

Am Ende des Buches angekommen, ist es an der Zeit Danke zu sagen. Danken möchte ich all den Menschen, die mich seit jeher in jeder Lebenslage unterstützen. Aber auch jenen, die zur Entstehung dieses Buches beigetragen haben. Und nicht zuletzt meinen Bloglesern und Zuschauern auf YouTube, die uns seit über sieben Jahren begleiten; die uns nehmen, wie wir sind; die sich mit uns freuen, mit uns reisen, mit uns mitfiebern und uns nicht selten ermutigen, anspornen und ebenfalls inspirieren.

Ein ganz besonderer Dank gilt vor allem meinem Mann Michael, der mich während dieses Buchprojekts tatkräftig unterstützt hat und mir stets den Rücken freihielt. Ein weiterer Dank gilt meinen drei Kindern Lillian, Charlotte und Tom, die eifrig mitgebacken und mitgekocht haben und jedes Rezept aus diesem Buch nach einer (großzügigen) Kostprobe abgesegnet haben.

Außerdem danke ich all meinen lieben Freunden – einfach dafür, dass es sie gibt, dass sie mir zuhören und mich täglich zum Lachen oder Schmunzeln bringen.

Dankbar bin ich auch dafür, die Möglichkeit bekommen zu haben, dieses Buch umzusetzen. Es war mir vom ersten bis zum letzten Rezept eine Herzensangelegenheit. Deshalb ein großes Danke an den Verlag für die stets tolle und unkomplizierte Zusammenarbeit.

IDEEN UND FOTOS: Marisa Hart
PRODUKTMANAGEMENT UND LEKTORAT: Sandra Aichele
LAYOUT UND SATZ: Konstanze Laue
DRUCK UND BINDUNG: Drukarnia Interak Sp. z o.o.

1. Auflage 2019
© 2019 frechverlag GmbH, Turbinenstraße 7, 70499 Stuttgart
ISBN 978-3-7724-8439-1 • Best.-Nr. 8439